Gourmet-Nation Norwegen

Von Königskrabben
Kochweltmeistern
Fiskepudding
Käfigen und Kuttern

Falkner Business Publishing GmbH

Impressum:
Herausgeberin: Dr. Jutta Falkner
Autoren: Jutta Falkner, Renate Kissel (Rezepte)
Verlag: ©Falkner Business Publishing GmbH, Berlin
HRB 184089 B, Amtsgericht Berlin-Charlottenburg
Tel.: +49 30 24 98 665/ +49 172 322 45 59
Titelfoto: Gourmet food des Vega Havhotell©Anton Ligaarden/VisitNorway
Fotos im Rezeptteil: TLC Fotostudie, Eiland 17 in 46342 Velen
Fotos Kapitelgestaltung im Rezeptteil: Prähistorische Felszeichnungen in Alta, iStock
Gestaltung und Fotobearbeitung: Udo Zelmer
jutta.falkner@businessportal-norwegen.com
www.businessportal-norwegen.com
Druck: Bösmann Medien und Druck GmbH & Co. KG
ISBN 978-3-00-070711-7

Die Philosophie der norwegischen Esskultur

Vorwort von Arne Brimi

Arne Brimi ist einer der berühmtesten Köche Norwegens und ein produktiver Kochbuchautor. 2005 wurde Arne Brimi für seine Bemühungen um die norwegische Esskultur zum Ritter von St. Olav ernannt, die dritthöchste Auszeichnung des Königreichs Norwegen.

Man erzählt sich, dass sich die ersten Norweger einst an der größten Austernbar der Welt bedienen konnten. Aber das ist lange her, mehrere Tausend Jahre. Spuren davon existieren aber noch heute, und wir lassen uns davon inspirieren, indem wir die gleichen Zutaten mit den gleichen Aromen verwenden wie unsere Vorfahren. Die Spuren finden wir nicht nur entlang unserer langen aufregenden Küste, sondern auch in den Fjorden, Schären, Meeren, Flüssen, Wäldern, Bergen und in der Landwirtschaft.

Norwegen liegt hoch oben im Norden, sozusagen am Stadtrand der Welt, mit Siedlungen, die sich über das gesamte langgestreckte schöne Land erstrecken – Siedlungen, die eine Vielfalt von Merkmalen, Traditionen und Kulturen entwickelt haben, ganz wie es uns die Natur gegeben hat.

Ich glaube, dass die Esskultur eines Landes nicht von den Rohstoffen geprägt wird, sondern von den Menschen, die die Rohstoffe verwalten, die sich einer Kultur zugehörig fühlen und Traditionen bewahren. Wir müssen stolz und sachkundig mit dem umgehen, was wir repräsentieren, und das ganze Volk muss ein Teil davon sein. Nur so können Kultur, Tradition und Menschen die norwegische Matnasjonen bilden.

Nachdem wir viele Hundert Jahre lang von anderen regiert wurden, erreichten wir 1905 endlich die Unabhängigkeit.

Am Bergsee Tesse nahe der Gemeinde Vågå bieten Mitglieder der Familie Brimi Übernachtung, Speisen und Abendteuer in einzigartiger Umgebung. Besucher treffen hier, in Brimiland, auf norwegische Kulinarik in ihrer reinsten Form.©BPN

Insofern sind wir eine junge Nation. Wir haben diese etwas mehr als einhundert Jahre gut genutzt, aber es war ein langer Weg, geprägt von dem Wunsch nach Selbstbestimmung.

1831 wurde das erste norwegische Kochbuch veröffentlicht. Damit waren wir die letzte Nation im Norden, die eine eigene Rezeptesammlung präsentierte. Die nächsten zwei Jahrzehnte kamen 30 bis 40 Kochbücher hinzu. Für mich zeugt das von dem großen Wunsch der Norweger, ein wichtiger Teil Europas zu sein.

Ich wuchs in einem Weiler in Norwegen auf, was mein gastronomisches Verständnis prägte. Wir alle hatten vier wichtige Ziele im Leben: Einen Job, ein Haus, Kleidung und Essen. Viele von uns sind in den 50er-, 60er- und 70er-Jahren in einer Kultur der Selbstversorgung aufgewachsen. Das war eine wertvolle Erfahrung. Dies lehrte uns guten Geschmack, unsere Mahlzeiten mit anderen zu teilen und den Jahreszeiten zu folgen. Ein Weiler in Norwegen war damals eine landwirtschaftliche Genossenschaft. Auch wurde die Lebensmittelproduktion gemeinschaftlich organisiert – mit strengen ethischen Anforderungen an die Produzenten. So entstand eine Kultur, in der Qualität der Maßstab aller Dinge ist, die in unserer Zeit immer wichtiger wurde und auch künftig unsere Ansprüche prägen wird. Vor 40 Jahren war Norwegen auf kaum einer gastronomischen Karte zu finden – abgesehen von unserer Tradition, Klippfisch und Stockfisch zu exportieren. Diese Tradition spielte eine entscheidende Rolle bei der Schaffung der heutigen Meeresfrüchte-Nation Norwegen.

Letztlich hat die Fischindustrie die norwegische Küche auf der ganzen Welt bekannt gemacht. Die vergangenen 40 Jahre erlebte Norwegen eine gastronomische Revolution. Für uns, die wir hier zu Hause sind, die Lebensmittel verarbeiten und dabei die Möglichkeiten nutzen, die uns die Zeit bietet, ist das Ganze ein großes Abenteuer.

Wir bauen eine Essnation des Stolzes und der Zusammenarbeit auf, die alle einbezieht: von der samischen Kultur, die sich von der Finnmark bis ins Landesinnere erstreckt, bis hin zu kleinen Produzenten von Fisch, Gemüse und Fleisch, Weltklasse-Käse und Köchen auf hohem Niveau. Wir freuen uns auf die Zukunft, in der wir einen bedeutenden Platz in der globalen gastronomischen Entwicklung haben werden.

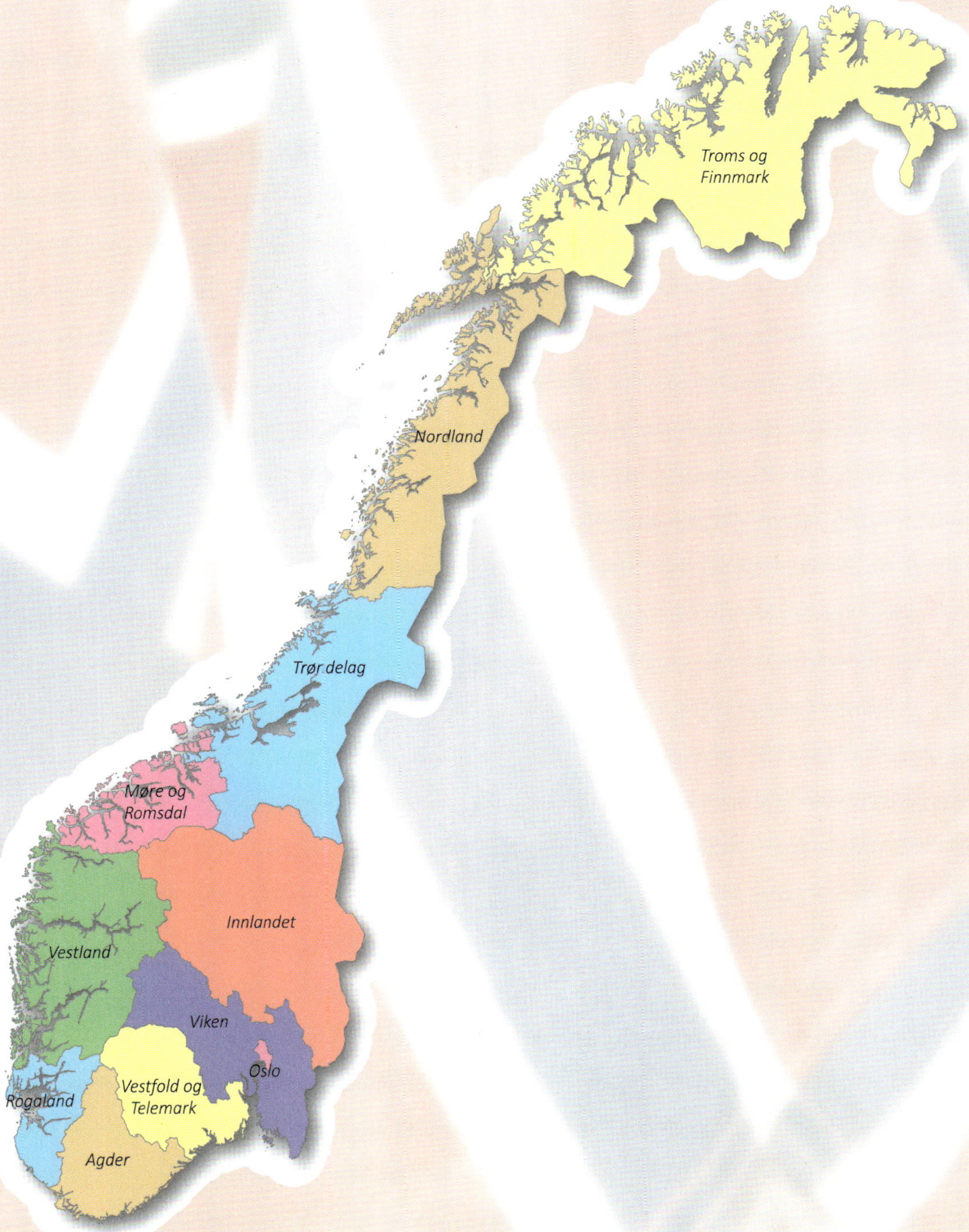

Troms og
Finnmark
Nordland
Trøndelag
Møre og
Romsdal
Innlandet
Vestland
Viken
Oslo
Vestfold og
Telemark
Rogaland
Agder

Inhalt

Fisch und Meeresfrüchte

Hauptgerichte mit Fleisch, Geflügel und Wild

Vegetarische Gerichte

Süßspeisen

Kuchen, Gebäck und Getränke

Genießer fa

Es soll Leute geben, die reisen per Flugzeug in den Urlaub nach Norwegen. Manche fahren mit dem Pkw Tausende Kilometer über Schweden an ihr Urlaubsziel. Wieder andere wählen die Fähre zwischen Hirtshals in Dänemark und Kristiansand in Norwegen, um die Reisezeit zu verkürzen. Damit ist man nur drei Stunden unterwegs. Wie schade für diejenigen, die es eilig haben, denn sie verpassen die schönste Einstimmung auf das Land der Fjorde: das skandinavische Buffet.

Wir empfehlen daher die Anreise mit einer Fähre, die möglichst lange über die Ostsee schippert. Nirgends sonst können Sie die kulinarische Vielfalt Norwegens so intensiv erleben wie an den Schlemmer-Buffets oder in den Gourmet-Restaurants an Deck der Schiffe. Dass die Fähren als öffentliche Verkehrsmittel gelten, macht den Genuss umso einmaliger. Oder haben Sie schon einmal in einem öffentlichen Verkehrsmittel Hummer serviert bekommen?

An Bord der Fähren *Color Fantasy* und *Color Magic* der norwegischen Reederei *Color Line* zwischen Kiel und Oslo gibt es sieben Restaurants, Bars, Bierstuben und Cafés. Das skandinavische Buffet wird im Grand-Buffet-Restaurant an Bord der Color-Line-Fähren serviert. Es bietet über einhundert verschiedene Speisen, von denen Sie einige bestimmt noch nie probiert haben.

Das Restaurant befindet sich im Bug des Schiffes. Bei leiser Piano-Musik werden Sie zu Ihrem Platz geleitet. Wenn Sie Glück haben, sitzen Sie direkt am Fenster. Aber eigentlich hat man überall einen guten Blick auf das Meer. Ärgern Sie sich möglichst nicht über die Preise auf der Getränkekarte. Sie

hren Fähre

©RPN

werden damit lediglich auf das Preisniveau für Speisen und Getränke eingestimmt, das Sie überall in Norwegen erwartet. Es mag zwar schmerzen, aber die norwegischen Speisen und Getränke (nicht Pizza & Co.) sind jede Krone wert.

Auf dem Buffet findet sich alles, was Norwegen an einheimischen Spezialitäten zu bieten hat: Meeresfrüchte, Fisch, Lamm in den verschiedenen Varianten, Braunkäse, Rentier, Geräuchertes, Gesalzenes und last but not least: gutes Brot. Ein Tipp: Verschaffen Sie sich erst einen Überblick, was dort liebevoll drapiert auf den Tischen liegt. Es lohnt sich, das Buffet einmal abzuschreiten, bevor Sie zu den Vorlegegabeln und Tellern greifen. Denn nur so erfahren Sie, wo die Speisen liegen, die Sie auf jeden Fall genießen wollen.

Daher empfiehlt es sich, strategisch vorzugehen. Normalerweise startet man bei den Vorspeisen, füllt sich beim zweiten Gang eine Portion Fisch auf den Teller, lässt sich beim dritten Gang ein gutes Stück Fleisch auflegen und gönnt sich am Ende etwas Käse oder eine Crème Brûlée.

Anders bei den skandinavischen Buffets. Hier liegen zahlreiche Speisen, die man in Deutschland in dieser Form kaum kennt: Shrimps, Muscheln, Krabben, Lachs, Heilbutt, Makrele, Seeteufel und Meeresfrüchte-Salate. Insgesamt bietet Color Line 20 verschiedene Meeresfrüchte beziehungsweise Fischsorten an. Das gibt dem Buffet übrigens eine einzigartige Farbvielfalt.

Eine weitere Spezialität sind die geräucherten Waren: Fisch natürlich, aber auch Entenbrust, Lamm und Rind. Je nach Saison kommen Wild, Rentier und Elch auf den Tisch.

"Speziell von den deutschen Reisenden wird das Buffet sehr geschätzt, weil diese Spezialitäten in Deutschland eben nicht so einfach zu haben sind", sagt Wolfgang Schlereth, Corporate F&B Manager der Color Line AS.

Auf der linken Seite des Bufetts sind Meeresfrüchte und Fisch angerichtet, rechts all die Spezialitäten, die auf dem Schiff selbst geräuchert werden wie Entenbrust, Schweinefilet und Hirschkeule.

Bei dieser Vielfalt ist es kaum möglich, die Reihenfolge eines Menüs einzuhalten. Warum auch? Man sollte die Gelegenheit nutzen, seine Lieblingsspeise als Vorspeise, Zwischengericht, Hauptgericht und Dessert zum Einsatz zu bringen. Beispielsweise Shrimps zum Anfang, Shrimps in der Mitte und Shrimps zum Abschluss – was für ein gelungenes Menü.

Zuständig für das Buffet auf der Color Fantasy ist Küchenchef Bertwin Issowitsch. Er ist Österreicher, lebt aber seit 25 Jahren in Norwegen, seit 2002 arbeitet er bei Color Line. Er weiß, was seine Gäste lieben. "Die Deutschen greifen vor allem beim Fisch zu, weil sie ein solches Angebot zu Hause nicht bekommen", erklärt Bertwin. "Die Norweger halten sich eher an das Fleisch." Kulinarisch zählt er sich zu den Deutschen, denn auch er teilt die Leidenschaft für Meerestiere: "Es gibt nichts Besseres als Fisch und Schalentiere aus Norwegen." Obwohl er so lange schon in Norwegen arbeitet, kommt er beim Thema Meeresfrüchte und Fisch aus Norwegen ins Schwärmen. Er teilt die Fischarten ein in die "Montagsfische" Lachs und Dorsch, also die gewöhnlichen Fische, und die "Sonntagsfische" wie den weißen Heilbutt. Der weiße Heilbutt, der auf den beiden Fähren angeboten wird, stammt von der Sterling White Halibut AS, dem größten Heilbuttzuchtunternehmen in Norwegen.

Bertwin Issowitsch

„Die Fürsorge, die die Züchter dem Heilbutt angedeihen lassen, rechtfertigen die hohen Preise, die man für diesen Fisch bezahlen muss", so der Küchenchef. Sterling White Halibut AS beliefert die besten Restaurants Norwegens. Sterling® Heilbutt ist in 16 Ländern eine eingetragene Marke. Beim Bocuse d'Or, der jährlich ausgetragenen Weltmeisterschaft der Kochkunst, hat der Heilbutt aus Hjelmeland den Status eines offiziellen Rohstoffs. Auch bei vielen anderen internationalen Kochwettbewerben wird das Produkt aus Norwegen als offizieller Rohstoff für Heilbutt-Rezepte eingesetzt. Und eben auch im Grand Restaurant auf den Color-Line-Fähren.

Bertwin Issowitsch weiß natürlich auch, wo der beste Hummer gefangen wird – in Norwegen natürlich. Ein kanadischer Hummer sei mit einem norwegischen Hummer nicht vergleichbar.

Etwa 80 Prozent der Meeresfrüchte, die auf den Fähren zwischen Kiel und Oslo verspeist werden, werden in Oslo angeliefert. Das Hauptlager, das sich in Dänemark befindet, bestückt alle Schiffe der Reederei. Über Deutschland kommen etwa 20 Prozent der Waren an Bord, unter anderem im Frühjahr der frische Spargel und das ganze Jahr über Lammfleisch

aus Schlewsig-Holstein. Salate bereiten die Angestellten im Restaurantbereich überwiegend in der Küche an Bord zu, auch Eis wird auf dem Schiff hergestellt. Es gibt eine Konditorei, sechs Küchen und eine Räucherei mit insgesamt 50 Mitarbeitern. Deck zwei ist vollständig mit Lager, Produktion und Küchen belegt. Hier dreht sich alles um das leibliche Wohl der Gäste.

Bei den Bergen an Shrimps, die auf dem Schiff verarbeitet werden, stellt sich natürlich die Frage, woher die kleinen Meerestierchen stammen und wer sie wo auf welche Weise schält. „Shrimps für die Großindustrie werden zum großen Teil in Kanada gefangen, eingefroren und kommen auf dem Seeweg nach Albanien. Dort werden sie per Hand geschält und dann mit dem Lkw nach Norwegen geliefert", erklärt Wolfgang Schlereth. Color Line verwendet fast ausschließlich per Hand geschälte Shrimps, da es so gut wie keinen preislichen Unterschied mehr gibt. Darüber hinaus bezieht das Unternehmen norwegische, frisch maschinell geschälte Shrimps über seinen Fischhändler Løining AS in Egersund. Dort werden sie mit hohem Wasserdruck von ihren Schalen befreit. Diese Shrimps werden in Nordnorwegen und in der Barentssee gefangen und haben natürlich die beste Qualität. Dementsprechend sind sie auch um einiges teurer.

Wolfgang Schlereth

Speisekarte im Gourmet-Restaurant

Lachs
Forellenrogen, Mayonnaise,
Eingelegte rote Zwiebeln, Dill

"Kalic løyrom"
Kartoffeln und Lachscreme, Austern, Lauchöl

Königskrabbe
Weißer Spargel, Blumenkohlcreme,
Gegrillte Tomaten Vinagrette

Gegrillter Steinbutt
Eingelegter Topinambur, Zwiebel,
Buttersauce mit Frühlingszwiebeln

Entrecôte
Sommerkohl, Frühlingszwiebeln, Austernpilz,
cremige Selleriewurzel, schwarzer Knoblauch

Käseauswahl

Norwegische Erdbeeren
Vanilleeis, Rhabarbergelee, weiße Schokolade

Preise mit und ohne Weinbegleitung

4-Gang Menü	549,- NOK	499,- NOK
5-Gang-Menü	649,- NOK	599,- NOK
6-Gang- Menu	749,- NOK	649,- NOK
7-Gang Menü	849,- NOK	699,- NOK

Stand Sommer 2021

Der Deutsche ist bei Color Line auch dafür verantwortlich, dass nachhaltig mit Lebensmitteln umgegangen wird und Abfälle so weit wie möglich vermieden werden. Im Mittelpunkt der Food & Beverage-Philosophie auf den Schiffen steht der umweltverträgliche Umgang mit Lebensmitteln. Das betrifft in erster Linie das Buffet, weil hier am Ende des Tages in der Vergangenheit doch große Mengen Lebensmittel weggeworfen wurden.

Heute werden die Speisen in einer Form angeboten, die hilft, Abfälle zu vermeiden. "Das ist ein ziemlich schwieriger Spagat", sagt Schlereth. Die beste Möglichkeit hierzu biete ein Fingerfood-Buffet. Hier werden alle Speisen, die sich dafür eignen, portionsweise, am besten in Schälchen, auf das Buffet gestellt. Bisher wurde beispielsweise das Lachsfilet als halber Fisch präsentiert und die Gäste konnten sich selbst bedienen. Schon nach kurzer Zeit sah dieser tolle Fisch ziemlich ramponiert aus. Jetzt wird er schon in der Küche in Portionen geteilt. Dasselbe gilt für die Nachspeisen, vor allem für Cremespeisen, die bisher in großen Schüsseln auf dem Buffet platziert waren. "Wenn alles, was möglich ist, in kleinen Portionen serviert wird, kommen die Speisen auch immer wieder frisch auf das Buffet", so der Food-Spezialist.

Neben dem Grand-Buffet und dem À-la-carte-Restaurant mit herrlichem Blick auf das Meer haben die beiden Fähren im Heck des Schiffes auch ein Gourmet-Restaurant. Hier werden 5- oder 7-Gänge-Menüs angeboten, alle 14 Tage wechselt die Karte. Je nach Saison und Verfügbarkeit werden eher ausgefallene und sehr teure Speisen präsentiert wie Königskrabben, Wachteln und natürlich spezielle Soßen.

Die Gourmet-Köche im Gourmet-Restaurant haben die Freiheit, Zutaten selbst einzukaufen. Sie dürfen auch schon einmal bezüglich des Budgets über die Strenge schlagen und ausgefallene Waren an Bord bringen wie Piggvar, Königskrabbe, norwegischern Hummer oder einen Kingfisch, so Schlereth. Jeder Koch schwört natürlich auf ganz bestimmte lokale Lieferanten, meist Enthusiasten in ihrem Fach. Das betrifft nicht nur Fisch oder Fleisch, sondern reicht vom Gemüse bis zu den Kräutern. Mancher Koch geht meilenweit für einen ganz speziellen Bärlauch-Strauch.

„Zwar ist das Gourmet-Menü teurer, aber wenn man durchrechnet, was man dafür im Vergleich zum À-la-carte-Restaurant oder zum Buffet bekommt, lohnt sich ein Besuch auf alle Fälle", sagt Wolfgang Schlereth. Seine Empfehlung: Von Kiel nach Oslo das Buffet und von Oslo nach Kiel das Gourmet-Restauran. Das ist ein guter Tipp, denn nach einem mehrwöchigen Norwegen-Urlaub dürften Sie die Preise im Gourmet-Restaurant nicht mehr schrecken. Sie werden die Überfahrten als kulinarische Highlights in bester Erinnerung behalten. ❐

Speisen im Grand-Buffet auf der Color Fantasy

Knoblauch-Mayonaise	Aioli
Krabbenscheren	Krabbeklør
Grünschalmuscheln	Grønnskjell
Muscheln in Weißwein gedämpft	Hvitvinsdampede Blaskjell
Tiefseehummer	Sjøkreps
Flusskrebse in Dill	Ferskvannskreps
Garnelen	Reker
Hausgebeizter Lachs	Hjemme gravet laks
Kartoffelsalat mit Kräuteröl	Potetsalat med urteolje
Gewürzhering	Kryddersild
Mit Zitrone marinierter Kabeljau	Sitrusgravet torsk
Hausgemachter kalt geräucherter Lachs	Hjemmelaget kaldrøkt laks
Rührei	Eggerøre
Pfeffermakrele	Varmrøkt peppermakrell
Gekochter Lachs mit Pfeffer	Kokt laks med pepper
Sauerrahm	Rømme
Meerettichsalat	Pepperrot Krem
Eiersalat	Eggesalat

Kaviar	Sort lodderogn
Dänischer Meehresfrüchtesalat	Skagenrøre
Lefse mit Räucherlachs	Lefse med røkelaks
Süß-saurer Hering	Sursild

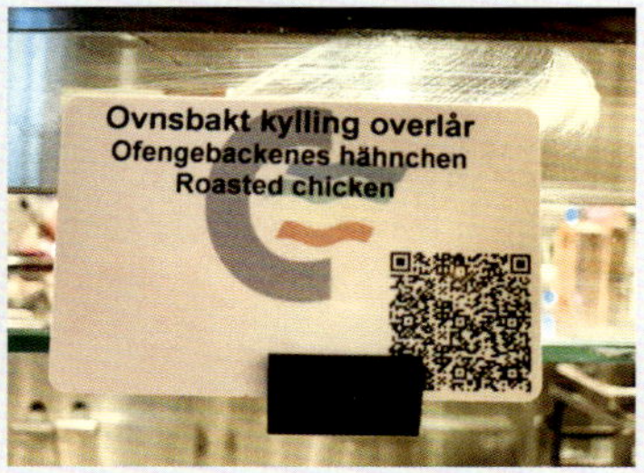

Tomatenhering	Tomatsild
Grüne Bohnen mit Dijon	Aspergesbønner med Dijon
Glasnudelsalat	Glasnudel salat
Gratinierte Kartoffeln	Fløtegratinerte poteter
Salzgebackene Kartoffeln	Saltbakte poteter
Gegrillter Mais	Grillet Mais

BBQ-Sauce	BBQ saus
Ofengebackenes Hähnchen	Ovnsbakt kylling overlår
In Chiliöl gebackener Brokkoli	Brokkoli bakt med chiliolje
Pfeffersauce	Peppersaus

Rindfleisch	Biff av okse
Gebackener Kohl	Bak kål
Gegrilltes Gemüse	Grillede grønnsaker
Dorsch gremolata	Torsk gremolata
Gebackener Lachs	Ovnsbakt laks
Muscheln asiatischer Art	Blåskjell i Asiatisk saus
Rinderlende	Oske Ytrefilet
Schweinenacken	Svinenakke
Kräuterbutter	Kryddersmør
Gebackene Kartoffeln	Bakepotet
Madeirasauce	Madeirasjy
Bohnenkraut	Bønneragu
Vegetarisches Curry	Grønnsaks curry
Brokolisalat vegan	Brokkolisalat vegan
Roher Krautsalat aus Rotkohl	Rødkålsalat rawslaw
Geräucherter Schinken	Delikatesse skinke
Tomatensalat	Tomatsalat
Pute mit Tomatenpesto	Kalkun med tomatpesto
Spargelbohnen mit Senfsauce	Aspargesbønner med sønnepssaus

Schweizer Salat	Swiss salat
Roastbeef	
Cremiger Kartoffelsalat	Kremet Potetersalat
Pastrami	Pastrami
Bohnensalat	Bønnersalat
Griechischer Fetakäse	Gresk Fetaost
Speck	Bacon
Parmesankäse	Parmesan ost
Cäsarsalat	Ceasarsalad
Eingelegter Ingwer	Syltet Ingefær
Eingelegte rote Zwiebeln	Syltet rødløk
Cumberlandsauce	Cumberlandsaus
Geräuchertes Schweinefilet	Røkt Svinefilet
Geräucherte Entenbrust	Røkt Andebryst
Geräucherte Hirschkeule	Varmrøkt Hjortelår
Kleine Salzgurken	Små Sylteagurk
Rentierwurst	Reinsdyrepølse
Preiselbeeresahne	Tyttebærrømme
Sauerrahm	Seterrømme
Elchwurst	Elgpølse
Spanische Wurst	Chorizo
Serranoschinken	Serranoskinke
Verschiedene Käsesorten	Bløbær ostekake
Crème Brûlée	
Karamell pudding	Karamell pudding

Matnasjonen Norge

Norwegen will sich zu einer Matnasjonen Norge entwickeln, einer Nation mit hoher Esskultur, die international für aufregende Speisen, umfangreiche Exporte von Meeresfrüchten, Lebensmitteln und Getränken und für norwegische Zutaten der Weltklasse bekannt ist. Dieses Ziel hat sich die norwegische Regierung gesetzt. Wie das erreicht werden soll, hat sie im Frühjahr 2021 in einer Strategie festgelegt.

In erster Linie geht es darum, die Ressourcen aus dem Meer und an Land gut zu nutzen. Lebensmittel sollen sicher und sauber sein und von gesunden Tieren stammen.

An der Metropolitan Universität in Oslo gibt es ein Forschungsprojekt "Kulinarisches Erbe als Quelle der Entwicklung der Mat-Nation Norwegen 2030". Hier wird untersucht, wie all die Traditionen und Rezepte vergangener Jahrhunderte wiederbelebt werden können und welchen Nutzen dies den Norwegern in wirtschaftlicher Hinsicht bringt.

Einem Bereich schenkt die norwegische Politik besondere Aufmerksamkeit: Lebensmittel sollten weniger Salz, weniger Zucker und weniger gesättigte Fettsäuren enthalten. Um das zu erreichen, hat das Gesundheitsministerium mit Wirtschaftsverbänden, Lebensmittel- und Getränkeherstellern, dem Handel und der Gastronomie vereinbart, neue und ge-

„Im Jahr 2030 ist Essen

eine Quelle

der Freude,

des Stolzes,

der Gesundheit und

der Gemeinschaft in der

gesamten Bevölkerung und

ein sichtbares Element im

Touristenland Norwegen."

Strategie der Regierung zur Bildung der Matnasjonen Norge, verabschiedet 2021

sündere Produkte auf den Markt zu bringen. Es geht um sehr konkrete Ziele: Bis 2025 sollen die Norweger nicht mehr als sieben Gramm Salz pro Tag konsumieren, und der Zuckerzusatz in der Nahrung soll um zehn Prozent sinken. Der Gehalt an gesättigten Fettsäuren in der Nahrung soll nicht mehr als 13 Prozent betragen und der Konsum von Gemüse, Obst, Vollkornprodukten und Fisch soll um 20 Prozent wachsen.

Die Industrie hat aber längst erkannt, dass zuckerfreie Getränke voll im Trend liegen. Sie machen in Norwegen bereits über 65 Prozent des Marktes von Erfrischungsgetränken aus. Kein anderes Land erreicht diesen Wert.

Aber die Regierung setzt nicht nur auf Freiwilligkeit. 2018 erhob der Staat eine sogenannte Zuckersteuer auf alkoholfreie Getränke – differenziert nach Zuckergehalt. Das führte dazu, dass diese Getränke teurer wurden. Als Ergebnis kauften die Norweger ihre Brus, Brause, fortan im Nachbarland Schweden ein. Am 1. Juli 2021 wurden die Zuckersteuer deshalb wieder abgeschafft und andere Steuern auf ungesunde Lebensmittel wurden wieder gesenkt.

Dass sich die Regierung um eine gesündere Ernährung der Norweger bemüht, ist durchaus gerechtfertigt. Nach dem ersten Eindruck erscheinen die Norweger als ein durch und durch sportliches Volk, drahtig und trainiert, von Wind und Wetter gegerbt. Tatsächlich aber ist jeder vierte erwachsene Einwohner übergewichtig, das heißt, er hat einen Body-Maß-Index von über 30. Deutschland steht nicht besser da. Vor allem ist Adipositas im Kindesalter eine wachsende Herausforderung für Norwegen. Etwa 24 Prozent der Jungen und 22 Prozent der Mädchen im Grundschulalter und ein

Rüben jeder Art gehören in Norwegen zu den Grundnahrungsmitteln. ©OFG

Viertel aller Jugendlichen leiden an Übergewicht. Und es werden trotz aller Strategien immer mehr.

Zumindest lässt sich für dieses Problem leicht ein Schuldiger finden. Was die Regierung versucht, mit Wissen um gesunde Ernährung und Eingriffen in den Markt aufzubauen, reißt die Werbeindustrie wieder ein. Die norwegischen Richtlinien bezüglich der Werbung, die Kinder unter 13 Jahren erreicht, sind lasch im Vergleich zu den strengen Forderungen der Weltgesundheitsorganisation. Die meisten Werbespots für Kinder locken mit Pizza, Rindfleischburger, Eiscreme, Milchschokolade oder Energydrinks. Ernährungswissenschaftler fordern daher, dass die Regierung inakzeptable Werbung für Speisen und Getränke gegenüber Kindern neu definieren und an die strengeren WTO-Regeln anpassen soll.

Speis und Trank als UNESCO-Kulturerbe

Für die internationale Reputation norwegischer Speisen und Getränke wäre ein Platz auf der Liste des immateriellen Kulturerbes der UNESCO zweifellos wünschenswert. Momentan stehen folgende kulinarische Highlight auf der Liste: die mediterane Ernährung südosteuropäischer Staaten allgemein, die typischen französischen Menüs, die Michoacán-Küche in Mexiko, Lebkuchen aus Kroatien und die Biertradition in Belgien. Immerhin wurde der Norwegische Landfrauenverband, Bygdekvinnelaget, von der UNESCO als Beratungsorganisation im Bereich der Lebensmitteltradition in Norwegen akkreditiert.
Auf der normalen Weltkulturerbe-Liste gibt es neun Norwegen-Attraktionen: ein Ensemble aus Holzhäusern in Bergen, genannt Bryggen, die Urnes Stabkirche in der Region Sognefjord, die Bergbaustadt Røros, die Petroglyphen (Felsbilder) und Felsmalereien in Alta, die 6.500 Inseln, Inselchen und Riffe an der Helgelandküste, die die Vega Inseln bilden, vier Punkten des Struve Mericianbogens, mit dem die Welt vermessen werden sollte, den Geirangerfjord und den Nærøyfjord sowie die Industriestädte Rjukan und Notodden in der Region Telemark.

Doch nicht nur die Werbung führt in Versuchung. In Norwegen spielt sich ein großer Teil des Lebens an Tankstellen ab, da diese ein großes Einkaufs- und Imbissortiment anbieten. Hier gibt es so ziemlich alles, was man zumindest nicht im Überfluss essen sollte: Würstchen, Pizza , Pommes und Boller, Brötchen. Die Boller an der Tankstelle in Espa an der Europastraße E 6 von Oslo nach Trondheim haben sich inzwischen zu einer landesweit bekannten Marke entwickelt: *Espa Boller*. In vier Backöfen werden stündlich 1.500 Brötchen in zahlreichen Geschmacksrichtungen gebacken – und verkauft. An Bolleland, wie sich die Shell-Tankstelle nennt, fährt kein Norweger vorbei, egal, wie voll der Tank oder die Batterien noch sind.

Die Erwachsenen kaufen beim Tanken oder während des Aufladens ihrer Elektroautos prinzipiell einen Kaffee. Schließlich ist Kaffee der Norweger liebstes Getränk. Beim weltweiten Kaffeekonsum liegen sie auf Platz fünf. Die Kinder bekommen – der Fairness halber – in der Regel ein Pølse, ein Würstchen. Zwar wird im Tankshop auch Salat präsentiert, aber der ist mehr als doppelt so teuer wie all die Fast-Food-Produkte. Außerdem locken schon vor der Zapfsäule oder der Ladestation Plakate mit den permanenten Sonderangeboten: zwei Würstchen zum Preis von einem! Da ist es schwer, norwegisches Essen als Quelle der Freude, des Stolzes und der Gesundheit fest im Blick zu behalten.

Auch wenn bei der Bildung der Mastnasjonen Gesundheit und Tradition aller Norweger im Mittelpunkt stehen – die Glanz- und Glimmerwelt der Gourmet-Köche gehört natürlich auch dazu. Denn mehr Aufmerksamkeit als Kohl, Rüben, Schafsköpfe oder Trockenfisch erregen auf alle Fälle die Kreationen der norwegischen Spitzenköche, in denen diese typisch norwegischen Rohstoffe verarbeitet sind. Und davon gibt es viele.❐

▷Keine Bäckerei und kein Supermarkt in Norwegen verkauft mehr Brötchen als der Backshop der Tankstelle Shell in Espa. ©BPN

VIS M/TRANEBÆR
KANEL
HVETEBOLLER
JUBILEUMS-BOLLE
MED VANILJEKREM OG SUKKER
SJOKO/VANILJE
SJOKO/VANILJE
Vi plukker boller for deg
Espa Boller
Verdens beste!!!!

Die norwegische Koch-Nationalmannschaft holte bei der Kocholympiade in Stuttgart 2020 die Goldmedaille.© IKA/Culinary Olylmpics

Sterne, Pokale und andere Trophäen

Norweger lieben den Wettbewerb. Nicht nur im Wintersport stehen sie Jahr für Jahr auf dem Siegertreppchen. Auch in anderen Bereichen haben sie Rekorde vorzuweisen. Norwegen hat den größten Staatsfonds der Welt, das Land verfügt über den längsten Straßentunnel, den tiefsten Unterwassertunnel und die längste schwimmende Brücke. In Norwegen fahren die meisten Elektroautos pro Einwohner. Norweger entwickelten die erste batteriebetriebene Fähre, das erste elektrische Fischerboot und das weltgrößte Hybridschiff. Der erste schwimmende Windpark der Welt wurde von einem norwegischen Unternehmen gebaut, und Europas größter Windpark befindet sich ebenfalls in Norwegen. Norwegen ist der größte Erzeuger erneuerbarer Energien, verfügt über das längste und tiefste Unterwasserstromkabel (nach Großbritannien) und hat das höchste Holzhaus der Welt. Die steilste Seilbahn Europas fährt in Norwegen und das schnellste mobile Internet gibt es natürlich auch in Norwegen.

Da wundert es nicht, dass sich die Erfolge aus Sport und Wirtschaft in der Gastro-Szene fortsetzen. Oslo als kulinarisches Reiseziel liegt in der Regel unterhalb des Radars des Food-Jets und der Feinschmecker-Community. Kopenhagen zählt als die Gourmet-Metropole Skandinaviens. Doch Köche aus Norwegen, nicht selten Dänen, werden mehr und mehr zu Sternesammlern und räumen bei internationalen Meisterschaften ab.

Norwegen nimmt seit Gründung des internationalen Kochwettbewerbes Bocuse d'Or 1987 an dem Ausscheid um die besten Köche der Welt teil. Mit zwölf Medaillen, davon fünf Goldmedaillen, ist Norwegen das erfolgreichste Land insgesamt. Den Weg zu den Siegertreppchen bereitete Arne Brimi, der es als erster Teilnehmer Norwegens 1987 ins Halbfinale schaffte. Brimi ist heute einer der berühmtesten Köche Norwegens und ein produktiver Kochbuchautor.

Norwegen ist auch zweifacher Olympiasieger der Kochkunst. Bei der IKA/Olympiade der Köche 2008 in Erfurt stand das norwegische Koch-Team erstmals auf dem Siegertreppchen. In Stuttgart 2020 holten die Norweger wieder Gold. Die IKA/Olympiade der Köche ist der älteste, größte und vielfältigste internationale Kochkunstwettbewerb der Welt.

Beim Culinary World Cup in Luxemburg 2018 gewannen sowohl die norwegische Junioren- als auch die A-Nationalmannschaft in der Gesamtwertung die Bronze-Medaille.

▷Beim Bocuse d'Or Europe 2020 holte die norwegische Mannschaft Gold mit ihrer Kreation „Trilogie einer estnischen Wachtel". ©Foundation Norwegian Gastronomy

Trilogie der estnischen Wachtel

Leicht geräucherte Wachtel mit Mirabellen-Pflaumenglasur
Kartoffelravioli mit Reststücken der Wachtel

Wachtelschenkel gefüllt mit Leber und Herz
Gegrillte Vinaigrette mit Kräutern und Sprossen

Knackiger mit Honig glasierter Sellerie, gefüllt mit Trüffel-Algen von den Lofoten und Wachtelei-Pudding
Gemüsegarnitur Kissen aus Rote Bete und Zwiebel
Sherryessig und karamellisierte Zwiebel

Geschmorter norwegischer Wildkohl mit Estragon und Lauch
Wachtelsauce

Neben diesen internationaler Events, die der norwegischen Gastro-Szene ein hohes Rencmmee einbringen, sowie zahlreichen Sterne-Restaurants hat es Norwegen nun auch in den Gourmet-Olymp geschafft. *Maaemo*, übersetzt „Mutter Erde", in Oslo zählt zu den 50 besten Restaurants der Welt. 2021 landete es auf Platz 47 der Liste der besten Restaurants, die jährlich von William Reed Business Media veröffentlicht wird und große Aufmerksamkeit unter den Gourmet-Kritikern dieser Welt erfährt. Die Auswahl trifft eine Akademie, der über 1.000 internationale Fachleute wie Gastronomen, Köche und Restaurantkritiker angehören.

Das *Maaemo,* ausgezeichnet *mit* zwei Sternen, verwendet ausschließlich Wildfang- und Bioprodukte aus Norwegen. Es pflegt die traditionelle norwegische Küche und die nordische Esskultur. Dementsprechend basiert die Speisekarte fast ausschließlich auf Zutaten aus der umliegenden Region.

Das weltbeste Restaurant, das *Noma* in Kopenhagen von Chefkoch René Redzepi, das immer wieder ganz oben auf der Liste der 50 Besten steht, lässt sich übrigens Königskrabben, Muscheln und Jakobsmuscheln aus Norwegen liefern.

Last but not least hat Norwegen auch einen Sushi-Weltmeister vorzuweisen. Wladimir Pak holte beim World Sushi Cup in Japan 2017 die Goldmedaille. Das Geheimnis seines Erfolges: „Ich habe für meine Sushi-Gerichte norwegische Rohwaren verwendet, insbesondere Lachs und Makrele. Norwegischer geht es nicht. Wenn man Kompositionen aus diesen Produkten in bester japanischer Sushi-Tradition erschafft, kann das Ergebnis nur großartig werden. Und das wollte ich zeigen", sagte Wladimir Pak nach der Titelwahl. ❐

Nicht nur für die Köche und ihre Kochkunst regnet es Medaillen. Auch die viel gepriesenen norwegischen Lebensmittel sind international hoch dekoriert. Der norwegische Blauschimmelkäse *Kraftkar* erwarb 2016 beim "World Chees Awards" im spanischen San Sebastian die Goldmedaille. Insgesamt hatten sich über 3.000 Käsesorten um den Titel als besten Käse der Welt beworben.

Die Heimat des *Kraftkar*, wie die Norweger den gekürten Käse nennen, auf deutsch *Kraftkerl*, ist der alter Bauernhof Saghaug aus dem Jahre 1303. Als die Molkerei 2003 gegründet wurde, waren solche Erfolge jenseits aller Phantasie. Anfangs produzierte die Inhaberin Solvor Waagen den Käse im Badezimmer – jedoch gleich eine ganze Tonne. Die separate Molkerei und der Hofladen wurden erst 2006 gebaut.

Wie Solvor Waagen erklärt, liegt der Erfolg der Käsesorte vor allem in der Verwendung hochwertiger Zutaten. Der Käse wird mit pasteurisierter Kuhmilch vom eigenen Bauernhof hergestellt. Um die Qualität der Milch zu sichern, werden zehn verschiedene Arten Gras an die Milchkühe verfüttert.

Das Unternehmen Tingvollost hat rund 350 Kunden – von kleinen Spezialitätengeschäften bis zu den Köchen auf den Hurtigruten-Schiffen und dem Chefkoch Esben Holmboe-Bang im Michelin-Restaurant *Maaemo* in Oslo. Die Kunden stehen Schlange. Expandieren will die Inhaberin trotzdem nicht. Vielleicht ein wenig anpassen, aber nicht vergrößern. Die Milchbauern sind mit 20 Tonnen Käse pro Jahr zufrieden.

Zwei Jahre nach dem Titelsieg des *Kraftkerls* wurde der norwegische Käse *Fanaost*, ein milder, halbfester Gouda, zum

Der beste Käse der Welt

Nicht immer kommt der beste Käse aus Frankreich. Auch Norwegen kann guten Käse herstellen, zum Beispiel die Käserei Tringvollost.©Tringvollost

besten Käse der Welt gekürt. *Fanaost* stammt aus der kleinen Molkerei Ostegården in dem Dorf Fana. Hergestellt wird er nach einem niederländischen Rezept. Wie Jørn Hafslund, Produzent des *Fanaost*, erklärte, liege das Geheimnis von Fanaost aber nicht in der Rezeptur, sondern in der besten Milch der Welt, die es in dem Dorf Fana gebe.

Der traditioneller Brun Geitost, ein Braunkäse von Stordalen Gardsbruk, belegte den zweiten Platz.
Austragungsort des World Cheese 2018 war die norwegische Hafenstadt Bergen. Um das Event herum veranstaltete *HANEN*, eine Organisation, die norwegische Lebensmittel promotet, gleich ein neus Food-Festival. ❐

Sterne-Restaurants in Norwegen

Hordaland:

Bare, Bergen, innovativ
Lysverket , Bergen, modern

Rogaland

Sabi Omakase, Stavanger, Sushi
Tango, Stavanger, modern
K2, Stavanger, modern
Re-NAA, Stavanger, kreativ
Söl, Stavanger, modern

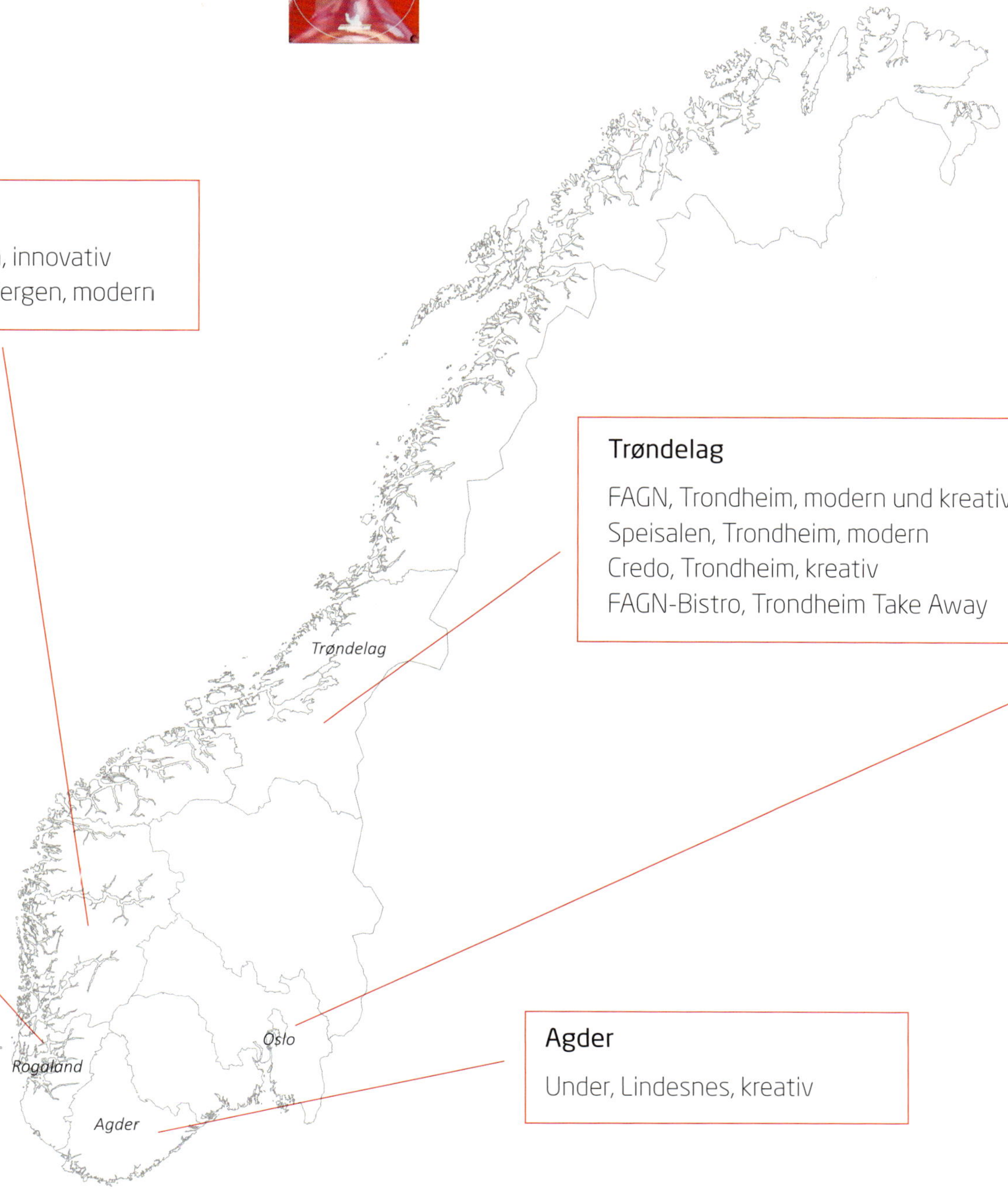

Trøndelag

FAGN, Trondheim, modern und kreativ
Speisalen, Trondheim, modern
Credo, Trondheim, kreativ
FAGN-Bistro, Trondheim Take Away

Agder

Under, Lindesnes, kreativ

Oslo

Kontrast, skandinavisch
Brasserie Rivoli, französisch
Vaaghals, Take Away
Happolati, asiatisch
Statholderens Mat og Vin Kjeller, klassisch
Tjuvholmen Sjømagasin, Seafood
Kolonialen Bislett, modern
Brasserie Hansken, modern
Geita, modern
Maaemo, modern, kreativ, 3 Sternen im Guide Michelin
À L'aise, modern
Ling Ling, Take Away, kantonesisch
Lofoten Fiskerestaurant, Seafood
Theatercaféen, traditionell
Einer, modern
Festningen, modern
Arakataka, norwegisch
Schlägergåarden, norwegisch
Omakase by Vladimir Pak, Sushi
Cru, norwegisch
The Vandelay, modern
Hot Shop, modern
Plah, Thai
Bon Lio, spanisch
Fyr Bistronomi & Bar
Grand Café, modern
Smalhans, norwegisch
Statholdergaarden, klassisch
Rest, kreativ
Stallen, norwegisch
Berserk, modern
Brasserie Blanche, französisch

Quelle: Michelin Guide Norway, 2021

Speisen, Forschen und Staunen unter dem Meer

44 Restaurants können sich in Norwegen mit Michelin-Sternen schmücken. Das sind nicht viele im Vergleich zu 92 in Dänemark, 1.426 in Deutschland oder 3.171 in Frankreich. Doch ein ganzer Sternenhimmel kann nicht mit dem einen Restaurant mithalten, das Norwegen zu bieten hat: *Under*, das erste Unterwasser-Restaurant Europas.

Under, was auf norwegisch sowohl "Unter" als auch "Wunder" heißt, liegt an der Südspitze des Landes im kleinen Ort Båly in der Region Lindenes. 2020, nur ein halbes Jahr nach der Eröffnung, hat das Restaurant seinen ersten Michelin-Stern erhalten – das höchste Gütesiegel der Gourmet-Köche.

Wer über die Fähre Hirtshals-Kristiansand nach Norwegen einreist, sollte die Gelgenheit für einen Besuch nutzen. Von Oslo aus ist man mit dem Auto fünf bis sechs Stunden unterwegs. Doch auch diese Fahrt lohnt sich.

Under wurde vom norwegischen Architekturbüro Snøhetta entworfen, einem der renommiertesten Architekturbüros der

©BPN

Welt. Zu den Vorzeigeprojekten der norwegischen Architekten zählen unter anderem die neue Bibliothek von Alexandria, die norwegische Oper in Oslo und der Pavillon des National September 11 Memorial and Museum in New York.

Under ist zur Hälfte ins Meer gebaut und reicht bis fünf Meter unter die Wasseroberfläche. Im Laufe der Zeit wird es

sich vollständig in die Meeresumwelt integrieren. Das Gebäude wurde in eine Betonschale mit einer groben Oberfläche eingekapselt, an der sich Muscheln festsetzen können. So verwandelt sich der untergetauchte Monolith zu einem künstlichen Muschelriff. Das Gebäude wurde an Land gebaut und dann mit einem extra entwickelten Lastkahn an Ort und Stelle geschleppt und dort versenkt. Bei dieser Aktion kamen unter anderem die Erfahrungen der norwegischen Öl- und Gasindustrie zum Tragen.

Schon das architektonische Konzept zeigt, dass *Under* mehr sein soll als eine coole Location für weltweit anreisende Gourmets. Der Bau wurde konzipiert, um eine nachhaltige Bewirtschaftung der Meeresressourcen zu fördern, sodass die Gäste nur ein Teil der Gleichung sind.

Ein Team des Norwegischen Instituts für Bioökonomieforschung (NIBIO) nutzt *Under* als permanente Basis, um die Unterwasserwelt direkt vor dem Fenster des Restaurants zu untersuchen. Das gesamte Gebäude ist mit Sensoren und Überwachungstechnologie ausgestattet, um das Meeresleben in dieser Ecke Norwegens zu erforschen. Die Wissenschaftler interessieren sich unter anderem dafür, wie Fische in der Umgebung auf Audiosignale reagieren. Erste Entdeckungen können die Forscher bereits vorweisen: Das NIBIO-Team fand eine Quallenart, die in der Gegend noch nie zuvor beobachtet wurde.

Im Kontrast zur rauen Betonschale ist das Interieur des Restaurants mit warmer Eiche ausgestattet. Die Materialien wurden nicht nur wegen ihrer Ästhetik ausgewählt, sondern auch, weil sie ein gutes Raumklima schaffen. Die moderne

©BPN

Pumpentechnologie für die Heizung nutzt die stabile Temperatur am Meeresboden, um das Gebäude das ganze Jahr über zu heizen und zu kühlen.

Im Restaurant bietet ein elf Meter breites Fenster einen Blick auf das Leben unter dem Meer. Zwar faszinieren hier keine farbenfrohen Korallen oder exotische Kreaturen – aber auch gewöhnliche Fische wie Pollack oder Hering einmal nicht nur an der Ladentheke zu betrachten, sondern in ihrer natürlichen Umgebung zu erleben, macht Freude.

Seit seiner Eröffnung im Jahr 2019 haben Tausende Norweger und Gäste aus aller Welt das Restaurant besucht. Preise von 250 Euro pro Menü und noch 160 Euro für die Weinbegleitung schrecken die Besucher nicht ab. Die Plätze sind über ein halbes Jahr im Voraus ausgebucht. Ob das einzigartige, halb im Meer versunkene Gebäude die Besucher lockt oder der Däne Nicolai Ellitsgaard, der als Chefkoch von *Under* den Michelin-Stern errungen hat, ist unklar. Die Michelin-Bewerter jedenfalls meinen, die hochwertige Küche mit kreativen, originellen Gerichte, die von norwegischen Klassikern inspiriert ist, sei einen Zwischenstopp wert.

Bei der Bewirtung der Gäste geht es aber nicht nur darum, die Geschmacksnerven von Genießern mit innovativen Gerichten zu wecken. Bei *Under* sollen die Besucher die Vielfalt der Nahrungsangebote aus dem Meer entdecken. Nicolai Ellitsgaards Küche ist auch ein Labor, in dem er ausprobiert, welche Rohstoffe, die auf Schiffen oft als Abfall über Bord geworfen werden, als Basis für Delikatessen genutzt werden können oder welche Algenarten sich für welche Speisen am besten eignen.

So ist *Under* sehr viel mehr als nur ein Sterne-Restaurant. Es zeigt, wie Meeresforschung, Architektur und Gastronomie im Einklang funktionieren können und gutes Essen dabei nicht auf der Strecke bleibt. ❐

Fiskepudding für immer und ewig

Gespräch mit Nicolai Ellitsgaard, Chefkoch des Restaurants Under in Lindesnes

Nicolai, das Restaurant *Under* ist ein sehr spektakulärer Bau. Aber nicht nur deshalb kommen die Gäste hierher. Das Restaurant ist ein halbes Jahr im Voraus ausgebucht. Was ist so speziell an der Küche?

Ich bin Däne. Bevor ich nach Norwegen kam, kannte ich die speziellen norwegischen Zutaten und Gerichte kaum. Lompe, ein Fladenbrot, und Fenalår, gesalzenes und getrocknetes Lammfleisch, zum Beispiel. Jeder wusste, was das ist und was man damit anfangen kann. Nur ich als Koch nicht. Das war schon schräg. Aber ich habe viel gelernt. Die Norweger haben ihre Food Tradition bewahrt, nicht jedes Land hat das so geschafft. Inzwischen habe ich viele Gemeinsamkeiten mit der dänischen Küche entdeckt.

Neben dieser konsequenten Ausrichtung auf einfache, hochwertige Zutaten, die sich über Jahrhunderte bewährt haben, ist die Küche ganz konsequent auf den Einsatz von Meeresfrüchten ausgerichtet. Norwegen ist eine Seafood-Nation mit Produkten von hoher Qualität.

Welchen Anteil haben Meeresfrüchte an Ihrem Menü?

Eigentlich servieren wir fast zu einhundert Prozent Meeresfrüchte. Das einzige Fleisch, das wir durchgängig, also unabhängig von der Saison verarbeiten, ist Lamm.

◁Der Fiskepudding wird in Form einer Miesmuschel serviert.©Nicolai Ellitsgaard

Im Herbst und Winter nutzen wir natürlich mehr Wild, dann bieten wir zwei bis drei Gänge mit Hirsch, Elch und Wildlamm an. Fenalår steht auf irgendeine Art und Weise fast immer auf der Speisekarte.

Ein Abendmenü besteht in Ihrem Restaurant aus 16 bis 19 Gängen und dauert vier Stunden. Das klingt gewaltig.

Die Gänge sind manchmal auch sehr kleine Zwischenmahlzeiten, eher Snacks als Gänge.

Wir bieten nur ein Menü an, das wir "Immersion Menu" nennen. Damit wollen wir unsere Gäste in die Welt des Kochens und der Verwendung seltener und oft verwendeter Zutaten eintauchen lassen. Wir wollen ihnen die Vielfalt der norwegischen Küche nahebringen und zeigen, dass Norwegen mehr hat als nur Lachs. Es gibt in diesem Land so wunderbare Zutaten, aber sie werden viel zu wenig genutzt.

Vielleicht liegt das auch daran, dass die industrielle Herstellung den Ruf einiger norwegischer Spezialitäten zerstört hat, zum Beispiel den Ruf des Fischpuddings.

Wenn man das Wort Fischpudding hört, denkt man: Was zum Teufel ist das für ein Zeug? Ich möchte diesem Gericht seiner guten Ruf zurückgeben. Ich liebe Fiskepudding, es ist das erste Gericht, das meine norwegische Freundin für mich zubereitet hat. Als ich das Restaurant übernahm, war für mich von Anfang an klar, dass Fiskepudding zum Menü gehören muss, und zwar für immer und ewig.

Ist der Fiskepudding der Grund für den Michelin-Stern, den Sie schon ein Jahr nach der Eröffnung bekamen?

Sicher nicht der einzige Grund. Aber ja, einer der Gründe. Unser Fischpudding ist einzigartig. Wir werden ihn niemals von der Karte nehmen.

Verraten Sie das Rezept?

Ja, natürlich. Als Grundlage für den Fiskepudding nehmen wir einen Pollack. Den Fisch kann man übrigens vor unserem Fenster sehen. Man kann auch Seehecht oder Seelachs verwenden. Pollack ist ein eher billiger Fisch, normalerweise ein Beifang. Niemand nutzt ihn für ein eigenes Gericht. Aber wenn man viel Arbeit in den Fisch investiert, bekommt man etwas Besonderes. Das Fischfilet wird im Mixer zerkleinert und die Masse wird mit Salz, Sahne, einer Miesmuschel und einigen Zutaten, die den Umami-Geschmack verleihen, vermischt. Die Masse kommt in eine Silikonform, die wir selbst hergestellt und mit Tintenfischtinte bemalt haben. Dann wird der Pudding gebacken, und wenn wir ihn aus der Form nehmen, sieht er aus wie eine Miesmuschel. Wir haben auch Miesmuschel darin verwendet. Serviert wird er mit Trüffel-Algen, die nicht wirklich Trüffel-Algen heißen, aber wie Trüffel schmecken, und mit einer Eiercreme, die ebenfalls mit Muscheln angereichert ist. Sozusagen als Sahnehäubchen kommt abgelagerter Heringsrogen auf den Pudding. Wir kaufen im Frühjahr viel Heringsrogen, salzen ihn dann und lassen ihn reifen wie einen Schinken. Nach einer gewissen Zeit kommt er in Gläser und wird zusammen mit einem Öl, das mit Zucker-Algen angereichert ist, aufbewahrt.

Woher stammen all die Kreationen?

Seit ich hier in Norwegen arbeite, habe ich über einhundert Rezepte entwickelt und in einer App für meine Mitarbeiter gespeichert. Die Grundlage, also die Rohstoffe der Gerichte, bleibt eigentlich immer gleich.

Ich verwende viel Fisch, den wir hier von einem Fischer bekommen, und Langusten, wenn die Qualität stimmt. Auch Mahagoni-Muscheln sind eigentlich immer Bestandteil des

Noch einen Moment die Ruhe genießen: Nicolai nach dem Tauchen. ©Nicolai Ellitsgaard

Menüs. Mahagoni-Muscheln können 500 Jahre alt werden. Wir verwenden Muscheln, die 80 bis 120 Jahre alt sind. Das ist eine harte, mächtige, sehr geschmacksintensive Muschel. Tatsächlich kommen mir auch Ideen, wenn ich aus unserem Fenster die vorbei schwimmenden Fische beobachte. Wir verarbeiten sie fast alle.

Woher beziehen Sie Ihre Zutaten?

Nur aus Norwegen, und eigentlich nur aus unserer Region. Für mich ist es wichtig zu zeigen, was der Süden Norwegens an hervorragenden Zutaten zu bieten hat. Manchmal müssen wir uns aus anderen Teilen Norwegens beliefern lassen, beispielsweise, wenn das Wetter schlecht ist und die Fischer nicht auf das Meer fahren können.

Jeden Dienstag gehe ich rund um unser Restaurant tauchen und bringe etwa 30 Kilogramm Algen mit, vor allem Zucker-Algen. Mit Zucker-Algen gibt es ein spezielles Gericht. Außerdem verarbeiten wir diese Algensorte in einer Eiskrem.
Um gute Qualität zu finden, muss man etwa sechs Meter tief tauchen. Wenn das Wasser zu warm ist, muss man noch tiefer runter. Ich möchte den Leuten mit unseren Algen-Gerichten zeigen, dass Algen mehr sind als Gestrüpp am Strand.

Sie sehen den Ozean zuallererst als Quelle der Ernährung. Glauben Sie, dass man auch die Menschen in Ländern, die nicht wie die Norweger am Meer und mit dem Meer leben, von Algen, Muscheln, Quallen oder Krebsen überzeugen kann?
Algen werden in der Ernährung der Menschheit künftig eine ganz große Rolle spielen. Sie können natürlich nicht einfach aus dem Ozean geerntet werden. Das würde dem biologischen Gleichgewicht schaden. Ich tauche zum Beispiel immer an einer anderen Stelle, um nicht zu sehr in ein Algengebiet einzugreifen.
Um den Ozean zu schützen, müssen die Algen in Farmen gezüchtet werden. Hier gibt es schon viele Beispiele Selbst Indien hat mit der Algenzucht begonnen, um die rasant wachsende Bevölkerung weiter ernähren zu können.

Sind Ihre Gäste denn überzeugte Algen-Esser oder kommen Sie eher wegen der spektakulären Architektur in Ihr Restaurant?
Am Anfang sind viele irritiert wegen all der Algen. Wir haben nahezu in jedem Gericht Algen verarbeitet – manchmal nur in geringen Mengen, um den Geschmack zu geben. Anfangs hatten wir fünf reine Algen-Gerichte angeboten, aber das war zu viel. Wir haben verstanden, dass man die Besucher nicht überfordern darf und schrittweise vorgehen muss. Heute finden sich zwei Algen-Hauptgerichte auf der Karte, und die Gäste mögen es.

Worin besteht für Sie die größte Herausforderung, ein solches Restaurant zu leiten?
Den größten Druck spüre ich auf meinen Schultern bei der Frage, wo das Restaurant in sechs Jahren steht. Es ist kein Geheimnis, dass ich große Ambitionen habe.
Im Alltag geht es darum, die richtigen Zutaten zu bekommen, von den Fischern und den Tauchern. Wir haben etwa 20 bis 30 Zulieferer für unsere Küche. Jede Zutat muss pünktlich und frisch geliefert werden. Es ist also nicht so, dass ich mir den ganzen Tag nur Rezepte ausdenken kann, tauche oder im Wald Kräuter sammle.

Der Bau dieses spektakulären Unterwasser-Gebäudes war kein ganz preiswertes Unterfangen. Zwar sind die Preise für einen Besuch recht hoch, und die Plätze ein halbes Jahr im Voraus ausgebucht. Zur Rückzahlung der Investition reicht es aber sicher nicht.
Die Investoren, die hier Geld hineingesteckt haben, wissen, dass sie es vielleicht nicht zurückbekommen. Das Restaurant wurde nicht gebaut, um Geld damit zu verdienen, sondern um etwas Neues zu schaffen. Wir haben keinen Druck. Wir haben eine Vereinbarung, wonach wir nicht mehr als 40 Leute am Abend aufnehmen dürfen und jeden Tag geöffnet sind. Ansonsten können wir uns darauf konzentrieren, was wir tun.

Was kochen Sie am liebsten zu Hause?
Gutes, einfaches Essen. Und natürlich Fiskepudding!

Skål – das freundlichste

Ein norwegisches Wort kennt man wohl auf der ganzen Welt: Skål – Prost. Ursprünglich ein schwedischer Begriff für ein Trinkgefäß, begegnet uns dieser Begriff vor allem in alten Historienfilmen, wenn sich grobschlächtige Wikinger beim Saufen zuprosten. Skål ist ein Zeichen von Freundschaft und guter Laune in einer Welt voller Gewalt, Verrat und Tragödie.

Eine Geschichte, die im Zusammenhang mit dem Gebrauch von Skål im Internet kursiert, ist diese: "...am Ende der Schlacht enthaupteten Wikingerkrieger den König oder Anführer des Stammes oder der Armee, die sie gerade besiegt hatten. Sie tranken aus seinem Schädel als Zeichen des Respekts für die Gefallenen. Nur dann, so glaubten die Wikingerkrieger, konnte ein tapfer kämpfender Gegner in Walhalla eingelassen werden. Im Kampf drängten sich die Wikinger gegenseitig mit den Rufen SKOLL vorwärts, damit sie nach der Schlacht aus dem Schädel trinken konnten."

Tatsächlich sind die Vorfahren der Norweger keine barbarischen Trinker gewesen, sondern kultivierte Grog-Genießer. Das haben zumindest die Archäologen Patrick McGovern, Gretchen R. Hall und Armen Mirzoian von der Universität Pennsylvania bei ihren Ausgrabungen in vier bronzezeitlichen Fundorten in Dänemark und Schweden festgestellt, wo sie auf mehr als 3.000 Jahre alte Getränkereste gestoßen sind. Im "Danish Journal of Archeaology" veröffentlichten sie 2013 die Erkenntnisse aus den chemischen Analysen des Getränks, das sie „nordischen Grog" nennen und das von ca. 1500 v. Chr. bis zum ersten Jahrhundert n. Chr. bei den Wikingern beliebt war. Im Allgemeinen, so die Archäologen, hätten die nordischen Völker ein Mischgetränk oder „Grog" bevorzugt, bei dem viele Zutaten zusammen fermentiert wurden, einschließlich lokal verfügbarem Honigs, lokalem Obst wie Moorpreiselbeere und Preiselbeere, Weizen, Roggen und/oder Gerste und manchmal auch Traubenwein, der aus dem Süden Europas importiert wurde. Lokale Kräuter und Gewürze wie Moormyrte, Schafgarbe und Wacholder sowie Birkenharz rundeten das Gebräu ab. Die aggregierten Zutaten dienten wahrscheinlich medizinischen Zwecken und lieferten besondere Geschmacks- und Aromastoffe. Sie waren im Mittelalter und bis in die Gegenwart wichtige Zutaten für viele Arten von Getränken.

Auf der Insel Gotland wird heute noch ein Getränk namens Gotlandsdryka zubereitet, das dem historischen Grog entsprechen soll. Brauereien haben sich von McGoverns Erkenntnissen inspirieren lassen und bringen mit Kvasir und Arketyp zwei neue Mixgetränke mit alter Rezeptur auf den Markt.

▷Auf Borg auf den Lofoten steht das weltgrößte Langhaus aus der Wikingerzeit. In den Gasträumen kann man heute noch trinken und speisen wie einst die Wikinger. ©Kjell Ove Storvik / Lofotr Vikingmuseum

Wort der Wikinger

Wie wir heute aber alle wissen, tranken die Wikinger in erster Linie Met, einen Honigwein. In der nordischen Mythologie war Met das Getränk der Götter. Man trank, um die Götter zu ehren. Wenn wir uns heute zuprosten, finden wir dafür auch immer Gründe.

Skål hat die Wikingerzeit überlebt und ist heute populärer denn je. Zum Trinken selbst dagegen haben die Norweger heute ein ambivalentes Verhältnis. Vielleicht wegen der Trinktradition und all der Geschichten, die sich um Saufgelage der Wikinger ranken. Kommen Sie nicht auf die Idee, einen Kasten Bier zu einem Picknick mitzunehmen. Alkohlkonsum in der Öffentlichkeit ist nämlich verboten. Unternehmen haben strikte Vorgaben, wie viel Wein oder Bier auf einer Firmenfeier angeboten werden dürfen. Wer sich nicht daran hält, zahlt hohe Strafen.

Der Alkoholverkauf wird in Norwegen staatlich reguliert, und das Bemühen der Regierung, die Landsleute vom Alkohol fernzuhalten, ist enorm.

In Supermärkten kann man nur Getränke mit einem Alkoholgehalt von bis zu 4,7 Promille kaufen, also leichtes Bier, Cidre oder Mixgetränke. Und das auch nur bis 20.00 Uhr an Werktagen und bis 18.00 Uhr an Samstagen und Sonntagen. Normales Bier, Wein und Spirituosen gibt es nur in den sogenannten Vinmonopolets. Die Aktiengesellschaft Vinmonopolet AS ist ein staatliches Unternehmen mit der Lizenz zum Verkauf von Getränken mit mehr als 4,75 Promille.

Landesweit existieren gerade 337 solcher Vinmonopolets (Stand 2021), die alle bereits um 18.00 Uhr schließen. Die Möglichkeit, am Abend schnell noch einen Kasten Bier oder eine Flasche Wein zu kaufen, wenn Gäste kommen, gibt es nicht. Trinken muss vorab organisiert werden. In Anbetracht dieser Umstände und der Preise stellt der Selbstgebrannte eine beliebte Alternative zu gekauften Spirituosen dar.
Ein weiteres Mittel, den Alkoholkonsum zu reduzieren, sind die Sondersteuern auf alkoholische Getränke – die es zwar in jedem Land gibt, die in Norwegen aber besonders hoch ausfallen. Lediglich für Bier aus kleinen Brauereien gilt ein ermäßigter Steuersatz, um das Unternehmertum vor allem im Norden, wo die meisten Craftbierhersteller angesiedelt sind, zu unterstützen.

Wenn Sie in Norwegen eine Flasche Wein für beispielsweise 150,90 NOK kaufen, verdient der Großhändler daran 54,01 NOK, die Alkoholsteuer beansprucht 46,41 NOK, die Mehrwertsteuer 30,18 NOK und die Umwelt- und Verpackungssteuer 1,27 NOK. Insgesamt kassiert der Staat 51,5 Prozent des Gesamtpreises. In Deutschland besteht nach Angaben des Bundes der Steuerzahler der Ladenpreis einer 0,75-Liter-Flasche Schaumwein zu 36 Prozent aus Steuern.

Die norwegische Regierung hofft, den Alkoholkonsum mit einem Genehmigungssystem, einem Werbeverbot, Alkoholsteuern, dem Alkoholmonopolsystem, Altersgrenzen und Begrenzung der Zeiten für den Verkauf unter Kontrolle zu halten. Mit einer *Nationalen Alkoholstrategie 2021–2025* hat sie sich das Ziel gesetzt, den Alkoholkonsum bis 2025 um zehn Prozent zu senken.

Nun ist es keinesfalls so, dass es sich bei den Norwegern um ein Volk der Trinker handelt oder Norwegen eine Spitzenpo-

©BPN

Deutscher Riesling Nr. 1

Wie in den meisten Ländern dieser Welt trinken auch die Norweger vor allen Alkoholsorten am liebsten Bier. Wein steht auf Platz zwei der Beliebtheitsskala. Während Bier in erster Linie aus eigenen Brauereien kommt, wird Wein in Ermangelung sonniger Hänge vollständig importiert. Wertmäßig liefern deutsche Winzer genauso viel Wein nach Skandinavien wie in die USA, dem wichtigsten Absatzmarkt. Norwegen ist wertmäßig der zweitwichtigste Exportmarkt nach den USA, mengenmäßig liegt das Land immerhin auf Platz vier hinter den USA, den Niederlanden und Großbritannien.

Deutsche Weine sind mit einem Marktanteil von fast 30 Prozent Marktführer in Norwegen. Vor allem der Weißwein, und hier der Riesling, mundet den Norwegern. Wongraven Morgenstern Riesling aus der Pfalz steht immer wieder an der Spitze der meistverkauften Weißweine in Norwegen. Ob der Hype um diesen Riesling tatsächlich dem Geschmack geschuldet ist oder der perfekten Vermarktung, lässt sich schwer feststellen. Der Riesling aus der Pfalz beispielsweise wird von dem Unternehmen Wongraven Wines AS angeboten, das dem norwegischen Rockstar Sigurd „Satyr" Wongraven gehört. Der Musiker kreiert selbst edlen Wein aus einer Cuvée von Spitzenlagen.

Rotwein ist in Norwegen weniger populär. Deutsche Rotweine haben gerade mal einen Marktanteil von 0,4 Prozent. Immerhin schafft es ein deutscher Rotwein unter die Top 100 der verkauften Rotweine: Villa Wolf Pinot Noir aus der Pfalz. Auf diesen Wein – Skøl!

Auch in Norwegen ist Bier das beliebteste alkoholische Getränk, das auch zur gehobenen Küche passt. ©VisitNorway.com

sition beim weltweiten Alkoholkonsum einnehmen würde. Im Jahr 2019 betrug der geschätzte Gesamtverbrauch etwa 6,8 Liter reinen Alkohols pro Einwohner über 15 Jahre. Zum Vergleich: In Deutschland liegt er bei zehn Litern. Weltweit werden pro Kopf 6,2 Liter Alkohol im Jahr getrunken.

International werden leicht abweichende Zahlen veröffentlicht. Nach einer Studie der Weltgesundheitsorganisation lag Norwegen 2016 beim Konsum pro Einwohner weltweit auf Platz 80 der größten Trinker-Nationen, Deutschland auf Platz 5. Es wird im Land der Fjorde und der Berge also keinesfalls übermäßig getrunken. Man trinkt selten, aber wenn, dann richtig. Bei Firmenfeiern oder privaten Feierlichkeiten liegen die Leute, die ansonsten Alkohol kaum anfassen, oft schon unter dem Tisch, wenn die Feier erst richtig anfängt.

Besonders der Konsum unter jungen Leuten beunruhigt die Gesellschaft. Hier gibt es zahlreiche Initiativen, junge Erwachsene von Spirituosen fernzuhalten, wobei die 16- bis 24-Jährigen laut Umfragen viel seltener zur Flasche greifen als die Senioren. Zudem geht der Alkoholkonsum der jungen Generation kontinuierlich zurück. Darauf ein Skål! ❐

Geschaukelt, nicht gerührt

Trotz dieser restriktiven Alkoholpolitik entwickeln sich Brauereien und Brennereien in Norwegen hervorragend. Es gibt etwa einhundert sogenannte Mikrobrauereien, die inzwischen etwa fünf Prozent des Bierabsatzes herstellen. Und der Marktanteil dieser kleinen Alkoholoasen wird wachsen, denn sie sind inzwischen wahre Touristenattraktionen, zumal sie ihr Bier direkt an die Kunden und Gäste verkaufen dürfen. Auch Brennereien bringen Produkte hervor, die dem Land zu Weltruhm verhelfen, allen voran Whisky und Gin.

Ein Produkt und die Geschichte kennt man wohl: *Linie Aquavit*, die nordische Variante des Gins, ist das Nationalgebräu des Landes und die wohl bekannteste Marke Norwegens. Hergestellt aus Kartoffeln, versetzt mit Kümmelsamen, reist *Linie Aquavit* vier Monate lang in einem Fass per Schiff um die Welt und überquert dabei zweimal den Äquator. Aber nicht der Äquator ist das Geheimnis des Geschmacks, sondern das Schaukeln auf See. Nach der Reise werden die Fässer fünf Monate lang gelagert, bevor die Spirituose, in Flaschen abgefüllt, für den weltweiten Vertrieb erneut auf Reisen geht.

Man kann sich kaum vorstellen, dass ein solcher Aufwand für eine Spirituose betrieben wird, wo doch jeder Rummel heutzutage zahlreiche Schaukelmöglichkeiten bietet. Man denke nur an die Emissionen, die mit so einer Rundreise verbunden sind. Seemannsgarn? Aber wie dem auch sei – das Geheimnis seines Geschmacks ist die Reifung in Fässern auf hoher See.

Die Dünung dreier Weltmeere, der Wechsel zwischen verschiedenen Klimazonen und die salzhaltige Luft bieten die perfekten Bedingungen, seine Aromen in alten Sherry-Fässern zu entfalten. Immer wieder werden Special Editions angeboten. So rühmt sich die Brennerei Arcus, mit *Opland Juwel* eine einzigartige Mischung aus den ältesten und exklusivsten Aquavits von Arcus – einige stammen aus dem Jahr 1929 – kreiert zu haben. Nur 19 Flaschen wurden abgefüllt, die sofort ausverkauft waren.

Neben Linie Aquavit gehören die Aquavits Gammel Opland, Løiten Aquavit sowie Braastad Cognac und Vikingfjord Wodka zu den bekanntesten Marken des Unternehmens.©Marius Nilsson/Arcus

Einziger Hersteller von Linie-Aquavit ist das Unternehmen Arcus Gruppen AS. Es wurde 1996 aus dem staatlichen Alkoholhändler Vinmonopolet ausgegliedert und hat sich seitdem von einem lokalen norwegischen Unternehmen zu einem internationalen Player mit der nordischen Region und Deutschland als Heimatmarkt entwickelt. Gin von Arcus ist inzwischen fast so bekannt wie Linie Aquavit. Im Sommer 2020 zum Beispiel gewann *Skagerrak Nordic Dry Gin* beim Wettbewerb *The Gin Masters*, der jedes Jahr vom Branchenmagazin *The Spirit Business* organisiert wird, doppeltes Gold in den Kategorien „Contemporary" und „Premium".

Ebenso exotisch wie der geschaukelte Kräutertrunk Linie Aquavit ist der Single Malt Whisky aus der Arktis, den die Myken Distilleri AS auf der Insel Myken nördlich des Polarkreises brennt.

Myken ist eine kleine Inselgruppe weit draußen im Meer vor der Helgelandküste in der Region Nordland. Die Inselgruppe hat nur elf ständige Bewohner, einer von ihnen ist Roar Larsen, Geschäftsführer der Myken Destilleri AS.

Roar Larsen lebt das Leben. von dem gestresste Manager hierzulande träumen. Er wohnt auf einer Insel, brennt Whisky und Gin, lädt zu Whisky-Camps ein, sitzt abends am Feuer und hat jede Menge Zeit und Muße, dem Whisky beim Reifen zuzusehen. So jedenfalls erscheint das Leben auf der Insel, wenn man dem Video glauben darf. Tatsächlich ist Roar ein äußerst umtriebiger Mensch. Sein Ehrgeiz, einen Whisky, der nicht in Schottland, sondern in der Arktis hergestellt wird, *Arctic Single Malt* nennen zu dürfen, hat zweifellos viel Mühe gekostet. Schließlich sind die schottischen Regeln zur Herstellung des edlen Getränkes noch strenger als die Vorschriften in der EU und im EWR. Nur Gerstenmalz, Hefe und Wasser dürfen verwendet werden, die Lagerung darf nur in Eichenfässern erfolgen. Roar hatte schon bald nach der Firmengründung alle notwendigen Zertifikate in der Tasche.

Seit zwei Jahren exportiert Roar auch nach Deutschland, und zwar zu Pinkernells Whisky Market in der Boxhagener Straße in Berlin-Friedrichshain, einem angesagten Szenebezirk. Und das kam so: Klaus Pinkernell, Inhaber des Spirituosengeschäftes in Berlin, experimentiert gern. In einer ehemaligen Fischsammelstelle fand er alte Heringsfässer. Er füllte Whisky hinein und kreierte die Sorte "Fisky". „Es war ein Joke, aber die Geschichte hat sich bis nach Norwegen, bis in die Arktis herumgesprochen", erklärt Klaus Pinkernell. Roar nahm Kontakt mit dem Berliner Whiskyliebhaber auf – und schnell war Klaus der exklusive Importeur des arktischen Whiskys für Deutschland und Österreich. Wirtschaftlich habe der norwegische Whisky kaum Bedeutung für den Shop in Berlin. "Er ist eine Kuriosität, aber die Leute sind begeistert", so Klaus Pinkernell. Immerhin werden in seinem Laden über 700 Whisky- und Gin-Sorten angeboten. Da ist der Wettbewerb groß, zumal die Transportkosten den Preis für die Flasche, die aus der Arktis herangeschafft werden muss, weiter in die Höhe treiben. Der Gin, den die Destille aus dem Norden auch noch liefert, lässt sich leichter verkaufen als der Whisky. Nichtsdestotrotz: "Ich finde den Whisky Klasse und habe Spaß daran, die Marke in Deutschland und Österreich aufzubauen", sagt der Whisky-Händler. Die Fangemeinde wird immer größer. ❐

▷Ein Traum: Die Insel Myken. Hier steht die nördlichste Whisky-Brauerei der Welt.©Myken Destilleri/Roar Larsen

Die Liebe der Norweger zu „Made in Norway“

Die Lebensmittelindustrie ist Norwegens wichtigster Industriezweig. Die Branche leistet für Norwegen etwa das, was der Maschinenbau für Deutschland leistet. Sie stellt die meisten Arbeitsplätze in der Industrie bereit. Mehr noch: Während die Zahl der Beschäftigten in allen anderen Industriesektoren in den vergangenen Jahren schrumpfte – meist wanderten die Arbeitskräfte in den Dienstleistungssektor ab – verzeichnete die Lebensmittelindustrie ein signifikantes jährliches Beschäftigungswachstum.

Bezüglich der Bedeutung der Branche für die Wertschöpfung Norwegens könnte man die Ernährungswirtschaft sogar mit der Automobilindustrie in Deutschland vergleichen. Beide Branchen sind in den jeweiligen Ländern der Industriezweig mit dem größten Anteil an der gesamten Industrieproduktion. Und wie die Deutschen ihre Autos made in Germany lieben, so verehren die Norweger Fisch und Fleisch made in Norway.

Nun hat natürlich jede Statistik ihre Tücken. Der Reichtum Norwegens wird nicht in den Käsereien oder Fleischfabriken geschaffen, sondern auf den Öl- und Gasfeldern vor der Küste des Landes – auf dem norwegischen Festlandsockel. Norwegen liegt auf Platz elf der größten Ölproduzenten der Welt und gehört zu den zehn größten Produzenten von Erdgas. Das Erdgas wird vollständig exportiert, das Rohöl zum größten Teil. Diese Exporte spülen sehr viel Geld in einen Fonds, der vor 40 Jahren angelegt wurde und der jedes Jahr einen beträchtlichen Zuschuss zum Staatshaushalt leistet.

◁Dieser Bauernhof in Åmli in der Region Agder wird von einer jungen Familie bewirtschaftet. Tankwagen von Tine holen die Milch ab. Freitags verkaufen Selma und Arno Landman Milch, Sahne und Joghurt, die sie selbst herstellen, direkt vom Hof. ©BPN

Obwohl mit dem Export von Öl und Gas der Wohlstand des Landes geschaffen wird, beschäftigt die Branche nur geringfügig mehr Mitarbeiter als die Lebensmittelindustrie. Größter Arbeitgeber des Landes ist übrigens der Gesundheits- und Pflegesektor.

Norwegen ist in Sachen Lebensmittel ein Selbstversorger. Milch, Eier, Fleisch, Käse, Joghurt und Fisch produzieren die Norweger zu 80 Prozent und mehr im eigenen Land. Obst und Gemüse werden dagegen – dem Klima geschuldet –- zu über 90 Prozent importiert.

Der norwegische Food-Markt hat nur wenig Konkurrenz aus dem Ausland. Das hat vor allem damit zu tun, dass er von Monopolen beherrscht wird, meist von Genossenschaften. Zwar haben sich die Strukturen in den vergangenen Jahren etwas geändert, letztlich aber gibt es auf jedem Gebiet einige Platzhirsche, der ihr Terrain mit aller Macht verteidigen und ausländischen Unternehmen kaum eine Chance geben.

Die norwegische Molkerei-Genossenschaft Tine SA ist der dominierende Akteur im norwegischen Milchsektor. Wer vor einem Kühlregal in einem Supermarkt steht, wird dort kaum etwas anderes finden als Tine-Milch, Tine-Joghurt, Tine Sahne, Tine-Butter oder Tine-Säfte. Die Genossenschaft gehört heute über 9.000 Milchbauern. Tine produziert nicht nur in Norwegen, sondern stellt auch Käse in den USA und in Irland her und exportiert Käse in zahlreiche Länder.

An Tine kommt – im wahrsten Sinne des Wortes – niemand vorbei. 25.000 Geschäfte, Restaurants, Hotels, Krankenhäuser, Kioske, Kantinen, Kindergärten und Schulen werden mit 1.300 verschiedenen Tine-Artikeln beliefert. Die riesigen Tankwagen und Lkw sind ein alltäglicher Anblick auf Norwegens Straßen. Wenn man auf den kurvenreichen Straßen hinter einem der silbern glänzenden Tine-Tankwagen landet, kann man sich auf eine gemütliche Fahrt einstellen.

Einer der größten Fleisch- und Eierproduzenten des Landes ist die Genossenschaft Nortura SA Group. Die bekanntesten Marken sind Gilde und Prior. Sie produziert Schinken und Wurstwaren aus Fleisch von Schweinen, Rindern, Lämmern/Schafen und Rentieren. Auch hier gilt: Sie werden in Supermärkten kaum andere Marken bei abgepacktem Fleisch und Wurst finden als Gilde und Prior.

Norwegens Groß- und Einzelhandel teilen sich vier Gruppen auf: Norgesgruppen ASA, Reitangruppen ASA, Bunnpris und Coop. Coop ist eine Kooperative, hinter den anderen drei Unternehmen stecken die reichsten Familien des Landes. Odd Reitan, Gründer und Inhaber der Reitan-Gruppe, die Nummer zwei im norwegischen Lebensmittelmarkt, ist mit einem Vermögen von etwa 5,2 Milliarden Euro der drittreichste Norweger. Gleich dahinter folgt Johan Johannson als viertreichster Mann des Landes. Seiner Familie gehört mehrheitlich die größte Lebensmittelkette Norgesgruppen. Nummer drei, Bunnpris, ist im Besitz des Familienunternehmens IK Lykke AS. Familienvorstand Christan Lykke schafft es immerhin auf Platz 354 der Liste der reichsten Norweger.

Auch diese Familien lassen keinen Raum für ausländisches Engagement. Der deutsche Discounter Lidl hat beim Versuch, auf den norwegischen Markt zu kommen, die Macht der norwegischen Konsumenten und Monopole zu spüren bekommen. Lidl trat im September 2004 in den Markt ein, nicht zuletzt angezogen von der hohen Kaufkraft der Norweger. Heimische Ketten hatten den Auftritt jedoch mit eigenen Tiefpreisläden gekontert. Zudem begleiteten Norwegens Medien die Expansion mit zahlreichen Beiträgen über die angeblich verheerenden Zustände in deutschen Lidl-Filialen. Der deutsche Lebensmittelhändler kam über einen Marktanteil von zwei Prozent nicht hinaus. 2008 verkaufte Lidl seine 50 Filialen in Norwegen an einen norwegischen Wettbewerber. Seitdem hat kein deutscher Discounter mehr einen Fuß auf norwegischen Boden gesetzt.

Nahrungsmittel *Made in Norway* werden heute in erster Linie nach Schweden, Dänemark und in die USA geliefert. In den Regalen deutscher Supermärkte landen, abgesehen von Lachs, vor allem geräuchertem Lachs, nur wenige Produkte. Der norwegische Ziegenkäse *Snøfrisk* von Tine hat es geschafft, von den Einkäufern einiger deutscher Ladenketten gelistet zu werden. Wenn Sie diesen Käse, hergestellt zu 80 Prozent aus Ziegenmilch, 20 Prozent Sahne aus Kuhmilch und ein wenig Salz, gekostet haben, werden Sie die Liebe der Norweger zu ihren Lebensmitteln made in Norway verstehen. ❐

©Kate Bones, Visit Norway/ BPN

Der Eiskrieg: Ohne Fløte geht es nicht

Bezüglich ihrer Lebensmittel machen Norweger keine Kompromisse, zumindest nicht, wenn es sich um ausländische Produkte handelt.

Anfang der 1990er-Jahre entbrannte zwischen Norwegen und Schweden ein Eiskrieg. Ein schwedisches Unternehmen wollte ein neues Speiseeis auf den norwegischen Markt bringen. In seiner Marketing-Kampagne zur Einführung der Marke behaupteten die Schweden keck, ein neues und besseres Eis zu haben als alles, was es in Norwegen bisher gab.

Die norwegischen Eishersteller wussten, wie man auf eine solch absurde Behauptung reagiert. In ihrer PR-Kampagne, die sich gegen die schwedische Eismarke richtete, stellten sie die Tatsache in den Mittelpunkt, dass für das neue schwedische Eis keine echte norwegische Fløte, Sahne, verwendet wurde wie bei gutem norwegischen Eis. Das reichte aus, um die Eisliebhaber zu überzeugen. Was als neues und besseres Produkt angepriesen wurde, konnte, zumindest in den Augen der Norweger, gar nicht besser sein als norwegisches Eis, wenn die hoch gepriesene norwegische Sahne nicht zur Zubereitung verwendet wurde. Die Schweden änderten zwar schnell ihre Rezeptur und schütteten fortan echte Fløte in das Eis – aber es war zu spät. Die Schweden zogen ab.

Heute bringen die zwei größten Eisproduzenten Diplom Is und Henning Olsen neben den eigenen Marken auch zahlreiche Eissorten und Leckereien in Lizenz für große internationale Marken auf den Markt – selbstverständlich mit norwegischer Fløte.

Ein Samentresor als Versicherung

Die Welt braucht Samen, um genetische Variation innerhalb der Nahrungspflanzen der Welt zu erhalten und so sicherzustellen, dass Nahrungs- und Nutzpflanzen nicht bei lokalen oder globalen Katastrophen wie Krieg, Terrorismus und Naturkatastrophen ausgerottet werden.

Auf der Insel Svalbard, Spitzbergen, sind im Svalbard Global Seed Vault 1,1 Millionen Samenproben von 87 Genbanken aus 66 Ländern hinterlegt. Es ist die größte Samenbank der Welt. Svalbard Global Seed Vault kann 4,5 Millionen verschiedene Samenarten speichern und somit Duplikate aller einzigartigen Samenarten aufnehmen, die heute in den vielen Genbanken auf der ganzen Welt existieren, zusätzlich zu neuen Samenarten, die in Zukunft gesammelt werden. Jede einzelne Samenprobe kann Landwirte, Forscher und Verarbeiter bei der Produktion von Nahrungsmitteln für eine wachsende Bevölkerung unterstützen..

Svalbard Global Seed Vault wurde vom norwegischen Staat gegründet und wird von ihm vollständig finanziert.

▷Eingang zum globalen Saatguttresor von Spitzbergen.© Svalbard Global Seed Vault / Riccardo Gangale

VALBARD
LOBAL
EED VAULT

Von Lachs und Löwe, Käfigen und Kuttern, Kopfgeld und fliegenden Fischen

Das offizielle Staatswappen Norwegens ist der Norske Løve – ein goldener Löwe mit silberner Axt und einer Krone auf rotem Untergrund. Der Norwegische Löwe zählt zu den ältesten Wappen, die heute noch genutzt werden. Aber ehrlich – assoziieren Sie Norwegen mit einem Löwen? Wenn überhaupt ein Lebewesen die Nation repräsentieren kann, ist es der Kabeljau, besser bekannt als Dorsch, Torsk. Norwegen wäre nicht das Land, das es heute ist, wäre da nicht der atlantische Kabeljau, sagen die Norweger. Die Geschichte der Kabeljaus ist die Geschichte Norwegens.

Vor elftausend Jahren, als die ersten Siedler an die norwegische Küste kamen, bot ihnen der Kabeljau die Lebensgrundlage – als Nahrung und als exzellente Handelsware. Denn schon bald fanden sie heraus, dass sich Kabeljau vorzüglich trocknen lässt und dabei seinen Geschmackt nicht verliert. Zur Zeit der Wikinger – als diese Konservierungstechnik bereits tief in der norwegischen Kultur verwurzelt war – ernährte der Trockenfisch die Seeleute während ihrer langen Reisen. Und bald wurde der Kabeljau, der in großen Mengen auf die Langschiffe der Wikinger geladen wurde, Norwegens erstes Exportgut. Und dieser Fisch ist noch heute die wichtigste Ressource für die norwegische Fischerei. Der größte Kabeljaubestand der Welt befindet sich in norwegischen Gewässern.

Nicht der Hering, nicht die Königskrabbe und nicht der Lachs – der Kabeljau ziert heute die 200-Kronen-Banknote des Landes als eine Geste der Dankbarkeit und des Respekts der Norweger gegenüber diesem Fisch.

◁Traditionell werden in Norwegen zahlreiche Fischsorten gefangen, allen voran Kabeljau, Makrele und Hering.©Grethe Hillersøy/Norwegian Seafood Council

Die Banknoten Norwegens sind mit Motiven gestaltet, die Norwegen mit dem Meer verbinden. Auf dem 200-Kronen-Schein hat die Zentralbank einen Kabeljau abgebildet.©Norges Bank

Und was ist mit dem Lachs? Im Ausland zumindest verbindet man Norwegen zuallererst mit Lachs, nicht mit Kabeljau.

Nun, die Mengen an Lachs, die das Land in über einhundert Länder liefert, werden nicht in freier Wildbahn gefangen, sondern in riesigen Fischfarmen gezüchtet. Der Lachs ist kein Schatz aus dem Meer – somit hält sich die Ehrerbietung der Norweger gegenüber diesem weltweit begehrten Fisch in Grenzen.

Den Aufstieg des Lachs zum Exportfisch Nummer eins verdanken die Norweger vor allem der Liebe der Japaner zum Sushi. Lachs als Grundlage für Sushi war lange Zeit kein Thema. Obwohl in Japan seit mehr als 200 Jahren roher Fisch verzehrt wird, wurde der Lachs, der um Japan herum im Pazifik schwimmt, für zu minderwertig betrachtet, um ihn roh zu verspeisen. Dass der atlantische Lachs von ganz anderer Qualität war, wussten die asiatischen Inselbewohner nicht beziehungsweise hatten ihn als Sushi-Füllung nicht auf dem Schirm. Norwegische Fisch-Exporteure träumten davon, japanische Köche und Gourmets gleichermaßen zu überzeugen, dass der fetthaltige, geschmackvolle, orange leuchtende norwegische Lachs einen idealen Belag und eine echte Bereicherung für traditionelles Sushi darstellt.

So startete der Norwegian Seafood Council, eine Einrichtung zur Förderung des Exportes für norwegischen Fisch und norwegische Meeresfrüchte, Mitte der 1980er-Jahre eine ehrgeizige Marketing-Kampagne – mit Erfolg. Lachs aus Norwegen ist heute der am meisten verwendete Rohstoff für Sushi weltweit.

Aber nicht nur der Lachs, auch der hohe Fischkonsum in Asien insgesamt, allen voran in China und Japan, verschaffte Norwegen eine Spitzenposition im Handel.

Norwegen ist neben China der weltweit größte Exporteur von Meeresfrüchten und Fischen überhaupt. Fast zehn Prozent der globalen Exporte kommen aus Norwegen. Mehr als die Hälfte der norwegischen Fisch-Exporte geht in EU-Länder. Größter Einzelmarkt ist Polen, wobei die Polen den Fisch nicht selbst verzehren, sondern verarbeiten und die Produkte in andere Länder weiter exportieren.

▷50 Prozent der Fische, die weltweit konsumiert werden, wachsen in Zuchtanlagen auf.©Norwegian Seafood Council

1

Die Anfänge der norwegischen Fischzucht liegen in den 1970er-Jahren. Die Zucht von Speisefisch war anfangs ein zusätzlicher Wirtschaftszweig für die Landwirte entlang der Küste. Ab dem Jahr 2000 explodierte die Produktion und die Fischer gelangten gegenüber der Zucht ins Hintertreffen. 1950 gab es noch etwa 100.000 Fischer in Norwegen, 2019 waren es nur noch 11.000. Dementsprechend gehen die Fangmengen der Fischer zurück. Wer Kabeljau im Netz hat, verdient am meisten, denn er bringt das meiste Geld, gefolgt von Makrele, Hering und Seelachs.

Wie die Zahl der Beschäftigten und der Umfang der Produktion des traditionellen Fischfangs schrumpfte, so wuchs die Aquakultur-Industrie. Mit den Käfigen in den Fjorden erwirtschaften die Industriekonzerne heute mehr als dreimal so viel wie die norwegischen Fischer mit ihren Fischerbooten.

In der norwegischen Aquakultur-Industrie haben große, börsennotierte Unternehmen das Sagen. Die Mowi ASA ist eines der weltweit führenden Unternehmen für Meeresfrüchte und der weltweit größte Produzent von atlantischem Lachs. China, Indien, Indonesien, Vietnam, Bangladesch und Ägypten sind vor Norwegen die größten Produzenten, wobei norwegische Firmen in all diesen Ländern Zuchtanlagen betreiben und damit für die hohen Produktionszahlen sorgen.

50 Prozent aller Fische, die die Menschheit heute verzehrt, stammen aus der Käfig-Produktion. Und der Anteil wächst kontinuierlich. Doch die industrielle Zucht hat ihren Preis. Sie wird von einem mächtigen Gegner beherrscht: der Lachslaus. Die Lachslaus ist ein Parasit, der hauptsächlich vom Lachs und von der Meeresforelle lebt. Sie ernährt sich von Schleim, Haut und Blut der Fische, beeinträchtigt die Gesundheit der Tiere und richtet großen Schaden an. Der Kampf gegen die Lachslaus verursacht dementsprechend sehr hohe Kosten.

Millionen Lachse sterben in Fischfarmen vor der Erntezeit – ein riesiges Problem für die Unternehmen, zumal wenn man berücksichtigt, dass vorzeitig verendete Lachse auch keine Nachkommen mehr zeugen können. Die Lachslaus ist für die Aquakultur deshalb so verheerend, weil in Käfigen viele Lachse auf relativ begrenztem Raum gehalten werden. So können Parasiten schneller von einem Wirt auf den anderen wechseln und so den ganzen Bestand infizieren.

Der Befall der Lachsbestände in den Käfigen in den norwegischen Fjorden ist auch ein beliebtes Thema für Filmemacher. Immer wieder erscheinen neue Dokumentationen, die dem Zuschauer der Appetit auf norwegischen Lachs verderben.

Zahlreiche Unternehmen und Forschungsinstitute beschäftigen sich daher in Norwegen und weltweit mit dem Problem der Lachsläuse. Medikamente, Impfungen, Maschinen, heißes Wasser, Elektrozäune um die Käfige und Laser wurden als Waffen im Kampf gegen die winzigen Parasiten eingesetzt. Nach neuesten wissenschaftlichen Erkenntnissen soll auch Lärm die Läuse verjagen. Der weltweit größte Lachsproduzent Mowi will seine Fischfarmen künftig weit unter die Meeresoberfläche senken, um die Fische vor Lachsläusen und anderen schädlichen Einflüssen zu schützen. Bisher aber ist gegen die Lachslaus kein Kraut gewachsen.

So finden die Züchter zunehmend an der Überlegung gefallen, die Fische künftig nicht mehr im Meer großzuziehen, sondern an Land. Damit soll auch das Problem gelöst werden, dass Tausende Lachse jährlich aus den Käfigen entwischen, mit dem Wildlachs in Berührung kommen und Krankheiten übertragen können.

Regelmäßig brechen Lachse aus den Käfigen aus. Fischer gehen dann auf Jagd nach den Flüchtigen.©Walter Steinberg

Im Juli 2019 beispielsweise entkamen in dem Ort Oksbåsen in Bindal 49.000 Lachse aus ihren Käfigen. Im September 2021 flohen 39.000 Zuchtlachse aus einer Anlage im Lekafjord nördlich von Trøndelag. Bei solchen Großausbrüchen wird die Bevölkerung um Hilfe gebeten, die Flüchtigen wieder einzufangen. Die betroffenen Unternehmen zahlen dann Kopfgelder, etwa 250 NOK/25 Euro für jeden eingefangenen Lachs. Als Beweis, dass die Fische aus der Zuchtanlage stammen, müssen der ganze Fisch oder abgeschnittene Flossen präsentiert werden. Die Lachse dürfen behalten werden. Für Freizeitfischer ist das natürlich ein Fest. Allerdings auch für Betrüger aller Art. Im Falle der jüngsten Kopfgeldaktion von Midt-Norsk Havbruk AS, an der sich etwa 300 Fischer beteiligt haben, mussten die Regeln nach drei Wochen – 12.000 Fische waren gefangen – geändert werden. Zu viele Flossen tauchten auf, die nicht von den entflohenen Fischen stammten. Fortan galt nur ein ganzer Fisch als ein gefangener Fisch.

Befinden sich die Fische in festen Bottichen an Land, fehlt jede Fluchtmöglichkeit. Erste landgestützte Fischfarmen sind bereits in Betrieb, zahlreiche Projekte in Planung. Jedoch ist auch die Fischzucht an Land keine optimale Lösung. Große Flächen müssen zur Verfügung gestellt werden, der Wasserkreislauf darf die Umwelt nicht belasten, große Mengen an Strom werden gebraucht, und die Rentabilität der Produktion ist noch längst nicht bewiesen.

In den USA und in Dänemark betreibt Atlantic Sapphire ASA, das weltweit größte Onshore-Aquaculture-Unternehmen, bereits Anlagen. Warum fünf Millionen atlantische Lachse ausgerechnet im warmen Florida in den Innenbecken einer Fischfarm ihre Runden drehen müssen, wo sie doch kalte Gewässer brauchen? Das norwegische Unternehmen hat dafür eine einfach Antwort: "Unsere Fische fliegen nicht."

Die USA sind nach Japan und China der drittgrößte Abnehmer von atlantischem Lachs. Tonnenweise werden die Fische per Flugzeug über den Atlantik gebracht. Die Produktion an den Orten, an denen der Lachs verbraucht wird, macht demnach Sinn. Denn tatsächlich hinterlässt die Lachsproduktion einen großen ökologischen Fußabdruck – schon allein durch die Art und Weise des Transports der Fische. Für den Fischexport aus Norwegen werden nahezu alle Verkehrsmittel genutzt: Lkw, Bahn und Flugzeug. Narvik im Norden Norwegens ist der wichtigste Umschlagplatz. Von hier befördert der Arctic Rail Express von Cargonet hauptsächlich Zuchtlachs über Schweden nach Oslo. 27 Stunden braucht der "Flyvende Fisktog", der fliegende Fischzug, für die Strecke von 1.970 Kilometern. Diese Verbindung gehört zu den größten Innovationen im skandinavischen Güterverkehr. Auf dem Rückweg transportiert der Zug unter anderem Obst und Gemüse. Seit 2011 verkehrt der North Rail Express von DB Schenker auf derselben Strecke. Der Weitertransport ab Oslo zu den Fischmärkten in Europa erfolgt allerdings nicht über die Eisenbahn, sondern per Lkw oder Luftfracht.

2020 startete erstmals ein Fischzug von Narvik nach Malmö als Direktverbindung. Heute fährt etwa die Hälfte der Fischzüge nach Malmö statt nach Oslo. Das spart Zeit. In Malmö wird ebenfalls ein Teil des Fisches auf Lkw umgeschlagen. Ein Teil der Wagen setzt die Reise nach Süden in gewöhnlichen Güterzügen fort. Diese Transportvariante ist derart erfolgreich, dass die Fischzüge nach Malmö bis zum dänischen Padborg an der Grenze zu Deutschland verlängert werden.

Richtung Asien starten vom Flughafen Oslo Gardermoen aus wöchentlich über 20 Frachtflugzeuge vollbeladen mit Fisch. Qatar Airways Cargo fliegt den Flughafen Harstad-Narvik dreimal wöchentlich mit einer Boeing 777-300 sogar direkt an. Die Sitze des Passagierflugzeuges sind ausgebaut, so dass 150 Tonnen Fisch verstaut werden können.

Mit großem Bahnhof wurde am 24. September 2021 das erste Flugzeug mit frischen Makrelen aus Norwegen auf dem Flughafen Tokio empfangen. Zwar liefert Norwegen schon lange gefrorene Makrelen nach Japan – die „Saba nouveau"

Ein Fischzug auf dem Weg von Narvik nach Oslo.© KDhällnäs/Green Carco

aber, wie die frische Makrele in Japan genannt wird, hat einen ganz besonderen Stellenwert, denn frische Makrele ist ein Saisonprodukt. Ein Großteil der Fische wird vor der Küste von Møre aus dem Meer gezogen. Die frische Makrele für den anspruchsvollen japanischen Gaumen folgt den Logistik- und Reiserouten der Lachse nach Asien – über den Flughafen Oslo und Helsinki zum Flughafen Haneda in Tokio.

Diese erste Lieferung wurde den Reisenden in der Business Class von Japan Airlines serviert und in einigen Supermärkten angeboten. Natürlich hoffen die Norweger, diese Delikatesse in Japan als Gourmet- und Saisonprodukt etablieren zu können. Die Sinnhaftigkeit solcher Transporte, die ausschließlich das Luxussegment bedienen, wird in den kommenden Jahren aber zweifellos infrage gestellt werden.

Ein weiteres Problem hat Norwegen mit der zunehmenden illegalen Fischerei. Schätzungen zufolge stammen etwa 30 Prozent der weltweiten Fänge aus illegalem Fischfang. Von Dokumentenfälschung, Korruption, Änderungen der Identität und des Namens des Schiffes bis zur falschen Kennzeichnung der Fänge, um den Preis in die Höhe zu treiben, erlebt Norwegen all das, was maritime Kriminalität zu bieten hat.

Gelegentlich kommen große Fälle ans Licht: So hat ein norwegischer Transportunternehmer über Jahre hinweg über 47 Tonnen Königskrabben illegal gefangen und verkauft. Bei seiner Festnahme wurden immerhin noch 12.368 Kilo sichergestellt. Der Hauptangeklagte musste dafür für zwei Jahre ins Gefängnis.

Norwegen betrachtet diese großen und kleinen Machenschaften als ernsthafte Bedrohung. Auch die Touristenangler, die sich nicht an die Regeln halten, haben die Behörden im Visier. 2021 verschärfte die Regierung die Maßnahmen gegen die Fischerei-Kriminalität. Mit mehr und besseren Kontrollen in den Häfen und einem digitalen Nachverfolgungssystem für Fischkutter will der Staat die Kontrolle über den Fisch zurückgewinnen.

Und nun bleibt noch die eine Frage: Wie hält es Norwegen mit dem Walfang? Norwegen ist eines der wenigen Länder, die kommerziellen Walfang betreiben. Mehr noch: Das Land ist der größte Walfänger der Welt und lässt Länder wie Japan und Island noch hinter sich. Norwegens Regierung verteidigt den Walfang mit dem Recht, seine natürlichen Ressourcen zu nutzen. Gefangen werden ausschließlich Zwergwale, von denen es in norwegischen Gewässern etwa 100.000 gibt.

Die Fangquoten liegen Jahr für Jahr über 1.000, tatsächlich gefangen werden jährlich etwas mehr als 500 Tiere.

Fische und Meeresfrüchte werden in Zukunft eine immer wichtigere Rolle spielen, um die wachsenden Weltbevölkerung zu ernähren. Das kommt der Meeresnation Norwegen natürlich zugute. Doch wenn Fischbestände durch Überfischung oder Umweltschäden reduziert werden, schadet das dem Land enorm. So werden beispielsweise seit Jahren mehr Makrelen, Hering und Blauer Wittling gefischt, als das wissenschaftliche Gutachten des Internationalen Rates für Meeresforschung (ICES) empfiehlt. Die anhaltende Überschreitung und die Unfähigkeit der Küstenstaaten, Vereinbarungen über die gemeinsame Nutzung zu treffen, die den wissenschaftlichen Empfehlungen entsprechen, bedrohen die Nachhaltigkeit dieser Bestände, so der Marine Stewardship Council MSC. Dementsprechend engagiert sich Norwegen für den Schutz der Ozeane.

2018 hat das Land ein "Hochrangiges Panel für eine nachhaltige Meereswirtschaft" (Ocean Panel) bei den Vereinten Nationen ins Leben gerufen. Die teilnehmenden 14 Staats- und Regierungschefs verpflichten sich zu einer nachhaltigen Bewirtschaftung ihrer Meeres- und Küstengebiete. Die Länderchefs legten außerdem einen wissenschaftlichen Bericht vor, der einen Weg zum Erreichen einer nachhaltigen maritimen Wirtschaft weltweit beschreibt. Die Kernbotschaft besagt, dass der Ozean noch wichtiger ist als gedacht, der Zustand des Ozeans schlechter ist als gedacht. aber auch, dass der Ozean viele der Lösungen bereithält, die die Menschheit und der Planet brauchen.❐

▷Getrockneter Kabeljau auf den Lofoten.©Einar Storsul/ Visit Norway

Teuer, teurer, am teuersten

Ausländer nehmen von der Esskultur Norwegens in erster Linie die Tatsache wahr, dass Lebensmittel und Getränke exorbitant teuer sind. Touristen packen den Kofferraum voll, um während ihres Urlaubs nicht auf Einkäufe angewiesen zu sein. Sie essen lieber Leberwurst vom deutschen Discounter als Leberpastete aus Norwegen. Auch auf die Gefahr hin, an der Grenze erwischt zu werden, schmuggeln sie Bier, Wein und andere Spirituosen über die Grenze, anstatt sich mit alkoholischen Getränken in den Weinläden Vinmonopolet zu versorgen. Das ist nur zu verständlich.

Die nordischen Länder gehören zu den teuersten Ländern Europas. Nach der Schweiz als dem teuersten Land rangieren Dänemark, Norwegen, Island und Irland, Luxembourg, Schweden und Finnland auf den Plätzen. Norwegen sticht mit Höchstpreisen für Alkohol und Tabak hervor. In keinem anderen Land zahlt man so viel für ein Glas Bier, ein Glas Wein oder hochprozentige Getränke wie in Norwegen – nämlich mehr als das Doppelte des EU-Durchschnitts. Wie die Zah-

©BPN

SVENSKE KJØTTB
0,6 KG
59 00
REMA 1000
SVENSKE KJØTTB
0,6 KG
59 00
REMA 1000
KARBONADER
0,325 KG
59 00
REMA 1000
KARBONADER
59 00
LUNSJKAKER
59 00
KJØTTKAKER
69 00
Sjekk prisen!
49 90
149 00
PULLED PORK TACO
PULLED PORK TACO
KJØTTBOLLER
KJØTTBOLLER
KARBONADER
LUNSJKAKER

len von Eurostat von 2021 zeigen, liegen die Konsumpreise in Norwegen um 39 Prozent höher als im EU-Durchschnitt. Preiswerter als in Europa ist in Norwegen lediglich die Energie. Warum sind Lebensmittel in Norwegen so teuer?

Die Mehrwertsteuer beträgt in Norwegen 25 Prozent, bei Lebensmitteln gilt der reduzierte Steuersatz von 15 Prozent. In Deutschland liegt der Steuersatz bei 19 Prozent und der ermäßigte Steuersatz für Waren des Grundbedarfs bei sieben Prozent. Sieben Prozent gelten auch für Lebensmittel.

Werden Lebensmittel serviert, also im Restaurant verzehrt oder geliefert, gilt der normale Mehrwertsteuersatz von 25 Prozent. Arzneimittel, Tabakwaren, alkoholische Getränke und Wasser aus Wasserwerken gelten nicht als Lebensmittel und werden ebenfalls mit 25 Prozent besteuert. Einzelne Waren wie Tabak oder Alkohol werden darüber hinaus mit Sondersteuern belegt – wie in fast allen Ländern.

Beim zollfreien Verkauf am Flughafen sind alkoholische Getränke, Tabakwaren, Schokolade und Süßwaren, Parfüms und Kosmetika bei der Abreise aus dem Umsatzsteuergebiet von der Umsatzsteuer befreit. Dementsprechend vollgepackt sind die Körbe der Norweger in den Shops, vor allem bei der Landung. In Norwegen kann man nämlich sowohl beim Abflug als auch nach der Landung zollfrei einkaufen.

Neben der Steuer spielt der Kurs der Norwegischen Krone für Ausländer eine Rolle. Je nachdem, ob der Norwegen-Aufenthalt auf eine Phase fällt, in der die Krone stark oder schwach ist, man also viele oder wenige Kronen für einen Euro bekommt, spiegelt sich dies im Urlaubsbudget wider.

Der Umtauschkurs ist von mehreren Faktoren abhängig. Den wohl größten Einfluss auf die Krone nimmt die Entwicklung des Öl- und Gaspreises. Öl und Gas sind die wichtigsten Exportartikel Norwegens. Sinkt der Ölpreis, wird die Krone abgewertet. Steigt er, wird die Krone stark und man bekommt weniger Kronen für einen Euro. Auch der Leitzins und der Zufluss ausländischen Kapitals beeinflussen die Stärke oder Schwäche der Krone.

Gefühlt ist die Krone immer dann besonders stark, wenn die Urlaubssaison beginnt. Das stimmt so natürlich nicht, denn die globale Wirtschaft schert sich nicht um das Budget der Touristen in Norwegen. Aber wann immer Sie Preise in Euro umrechnen und mit den heimischen Preisen vergleichen, werden sie den Umtauschkurs für völlig überzogen halten.

Ein weiterer Grund für die hohen Preise ist die Tatsache, dass der Lebensmittelmarkt von Monopolen beherrscht wird. Einige wenige Akteure dominieren die Lebensmittelindustrie, den Groß- und Einzelhandel und den Transport.

Last but not least spielen Geografie, Klima und die verstreut wohnende Bevölkerung eine Rolle bei der Preisbildung. Norwegen ist ein langgestrecktes Land mit einer für die landschaftlichen Verhältnisse zwar gut ausgebauten Infrastruktur – mit der Infrastruktur auf dem europäischen Kontinent aber nicht zu vergleichen. Die einzigartige Landschaft hat ihren Preis – nämlich wenige Bahnstrecken, kaum Autobahnen, dafür viele kleine Straßen mit vielen Kurven und viele, viele Fähren. Die Versorgung der Bevölkerung in den Weilern oder kleinen Ortschaften ist eine logistische Herausforderung, für die irgend jemand bezahlen muss.

Ein kleiner Laden in der Gemeinde Lom, das Tor zum Nationalpark Jotunheimen, bietet ausschließlich norwegische Spezialitäten an – zu respektablen Preisen. Die Bäckerei in Lom ist landesweit bekannt. Hier werden 18 Brotsorten gebacken. In der Urlaubssaison bilden sich lange Schlangen.©BPN/Visit Norway

Die Norweger versuchen, den hohen Lebensmittelpreisen zu entgehen, indem sie für Großeinkäufe über die Grenze nach Schweden fahren. Etwa 9,2 Millionen Einkaufstouren unternehmen die Norweger jährlich in das Nachbarland. Die Regierung ist besorgt: Dem Land entgehen damit Umsatz, Arbeitsplätze und Steuern. Und Einfluss auf den Kauf gesunder Produkte kann die Regierung auch nicht nehmen.

Auf der Einkaufsliste der Norweger in Schweden stehen dabei mehrheitlich Produkte, die zu Hause besonders teuer sind. Die norwegischen Lebensmittelhändler laufen gegen den Shopping-Tourismus Sturm. Letztlich sind die hohen Steuern auf norwegische Lebensmittel ein Sponsoring für den schwedischen Handel.

Mit Corona hat sich die Situation geändert. Die Grenze nach Schweden wurde für lange Zeit dicht gemacht, und die Möglichkeit des Einkaufs für die Norweger war damit gestoppt. Als Folge schnellte der Absatz all der Produkte, die die Norweger bisher in Schweden gekauft haben, quasi über Nacht in die Höhe. Kaum war die Grenze geöffnet, setzte sich die Kolonne wieder gen Süden in Bewegung, und schwedische Supermärkte konnten sich über hohe Umsatzzahlen freuen.

Allerdings ist es keinesfalls so, dass die Norweger von der Last der hohen Preise erdrückt werden. Norwegen ist eines der reichsten Länder der Welt. Viel staatliches Geld fließt in den sozialen Bereich, sodass mehr Geld für den Konsum übrig bleibt, also für Freizeit, Wohnen, Reisen, Kultur oder Mobilität. Lebensmittel machen nur 13 Prozent der Konsumausgaben aus. In Deutschland sind es etwa 15 Prozent. Zwar empfinden auch die Norweger die Lebensmittelpreise als teuer – teurer und am teuersten sind sie aber für diejenigen, die Norwegen als ihr liebstes Urlaubsland auserkoren haben. ❐

Norwegische Spezialitäten

Um in Norwegen norwegische Spezialitäten zu finden, muss man nicht in einen Spezialladen gehen. Das Beste, was das Land in Sachen Lebensmittel zu bieten hat, findet sich in jedem Supermarkt. Schlendern Sie einfach an den Regalen entlang und greifen Sie zu.

Das fängt an – man glaubt es kaum - bei Obst und Gemüse. Neben all den importierten Früchten liegen dort auch Äpfel und Erdbeeren aus Norwegen, die man gut und gern als Spezialitäten bezeichnen kann. Am Brotstand ist die Auswahl zwar nicht so riesig wie in Deutschland, aber die wenigen Sorten, vor allem Mischbrot, schmecken ausgezeichnet. Im Fischregal stehen Reker (Shrimps) in Lake in verschiedenen Qualitätsstufen, Fiskekake (Fischbouletten) und eingelegte Garnelenschwänze. Weiter geht es zur Leverpostei (Leberpastete), Elchwurst, Rentiersalami und Rentierschinken, Fenalår (Schinken aus der Lammkeule) und Kjøttboller (Fleischbällchen, vor allem bekannt aus Schweden). Im Käseregal stehen die exzellenten Sorten JARLSBERG-Käse, Braunkäse, Schmelzkäse mit Shrimps in der Tube und der Frischkäse Snøfrisk. Es folgen Kaviarcreme und Mayonnaise, die in Norwegen oft und gern verwendet wird. Am Kopfende der Kühltruhen kann man sich mit gefrorenen Hummer-Scheren und frischen und gefrorenen Shrimps eindecken. Appetit bekommen?

Wenn Sie ganz sicher sein wollen, dass Sie nur norwegische Produkte im Einkaufskorb haben, achten Sie auf das Label "Nyt Norge". Etwa 4.000 Produkte sind damit zertifiziert. Es garantiert, dass die Rohstoffe aus Norwegen stammen, der Bauer strenge Regeln beim Anbau der Rohstoffe befolgt und die Lebensmittel in Norwegen produziert und verpackt wurden. Vergeben wird die Kennzeichnung von der Stiftung *Norsk Mat* des Ernährungsministeriums.

Das Gütesiegel *Specialty* ist ein offizielles Informationslabel, das den besten lokalen Speisen und Getränken verliehen wird. Davon gibt es etwa 500, Sauerkraut aus Viken, Stockfischhaut aus der Finnmark und eine Rentierspeckwurst aus Trøndelag gehören dazu. Jährlich werden außerdem in dem Wettbewerb *Det Norske Måltid* (Norwegische Mahlzeit) Norwegens beste Lebensmittel und Getränke ausgezeichnet. Der Wettbewerb, eine Reputationsmaßnahme der Regierung, wird im ganzen Land mit großem Interesse verfolgt.

Äpfel: Norwegen ist Cider-Land

Am letzten Dienstag im September feiert Norwegen den Apfeltag. Nicht nur die Norweger rühmen sich, die besten Äpfel der Welt zu haben – auch international werden norwegische Äpfel hoch geschätzt. Die klimatischen Bedingungen entlang der schmalen Fjorde Sognefjord und Hardangerfjord sind ideal für den Anbau von Äpfeln. Durch die Fjorde wird Licht an die steilen Hänge reflektiert. Auch an heißen Sommertagen wirkt das Wasser kühlend. Außerdem sorgt die Wärme des Golfstroms im Winter für milde Temperaturen. Die meisten Äpfel werden von der Sorte Aroma geerntet, gefolgt von Discovery und Summerred.

Der hohe Stellenwert der Äpfel hat aber nichts damit zu tun, dass die Norweger die ärztliche Empfehlung "An apple a day keeps the doctor away" befolgen würden. Im Gegenteil. Norwegens Äpfel werden in erster Linie zu Apfelschaumwein verarbeitet.

Wie alle Traditionen in Norwegen, so geht auch die Produktion von Cider auf die Wikinger zurück. Sie brauten aus Äpfeln und Honig ein Getränk namens Bjor. Bei einer Ausgrabung in Vestfold fanden Archäologen 54 Äpfel auf dem Wikingerschiff Oseberg. So richtig in Fahrt kam die Cider-Produktion aber erst im 13./14. Jahrhundert mit der Einwanderung englischer Mönche. Sie zeigten den Fjordbauern, wie man Apfelbäume pflanzt und regionales Obst kultiviert.

Etwas weiter südlich, in der Region Hardangerfjord, befindet sich das Zentrum des handgefertigten, norwegischen Ciders. „Hardanger Cider" ist heute eine geografisch geschützte Bezeichnung wie „Champagner". Als Anforderung für dieses Markenzeichen gilt unter anderem: Alle Apfelsorten können verwendet werden, solange sie aus Hardanger stammen – Aroma, Discovery, Red Tombstone oder Summer Red. Und sie

©Alexander Benjaminsen/Visit Norway

müssen eine Zuckerreife von ca. 85 Gramm Zucker pro Liter Most haben. Um einen höheren Alkoholgehalt zu erreichen, als er natürlich aus dem traubeneigenen Zucker stammt, kann während der Gärung Rohrzucker zugesetzt werden.

Cider wird in vielen kleinen Bauernhöfen hergestellt, die ihr Produkt auch selbst verkaufen dürfen. Das führt dazu, dass Reiseveranstalter Cider-Safaris in Sørfjorden, einem südlichen Arm des Hardanger-Fjords, unter anderem mit der Hybridfähre *Vision of the Fjords* anbieten.

Norwegischer Cider liegt im Trend. Mehrere Michelin-Restaurants in Norwegen und im Ausland haben den Apfelschaumwein auf ihrer Getränkekarte. Bei den *CiderWorld Awards* in Deutschland gewann norwegischer Cider in den vergangenen Jahren immer wieder Gold- und Silbermedaillen.

Braunkäse: Ein köstliches Abfallprodukt

Wer zum ersten Mal den norwegischen Braunkäse, Brunost, kostet, wird sich sehr wundern. Der Käse schmeckt süß. Und es ist auch kein echter Käse, sondern eher ein Karamell.

Nach den Definitionen von Käse der Weltgesundheitsorganisation wird echter Käse aus Quark hergestellt, aus dem die Molke entfernt wurde. Braunkäse wird aus Molke hergestellt, aus der der Quark entfert wird. Braunkäse ist sozusagen ein Abfallprodukt der Käseherstellung. Die Molke wird über viele Stunden in einem Kessel eingekocht, bis der darin enthaltene Milchzucker karamellisiert. Die hellbraune leicht süßliche Masse, die übrig bleibt, Prim genannt, wird mit Milch und Sahne verfeinert. Brunost ist ein typisch norwegisches Produkt, wobei auch Schweden gewisse Ansprüche auf diese Art Käse erhebt. Anne Hov gilt als die Erfinderin des Brunost. Wahrscheinlich aber kam Molkekäse vor etwas mehr als 150 Jahren auf vielen Bauernhöfen zur gleichen Zeit in Mode.

Als die Heimat dieses Käses wird das Tal Gudbrandsdalen gesehen. Gutdbrandsdalen-Brunost ist heute auch die bekannteste aller Braunkäse-Sorten. In früheren Zeiten wurde die Molkemischung in großen, holzbefeuerten, feststehenden Eisenpfannen gekocht. Eine Handvoll Bauernhöfe stellt ihn noch heute auf traditionelle Weise her, sehr zur Freude der Touristen, die bei solchen Prozeduren dabei sein dürfen. Für den täglichen Konsum wird er natürlich industriell gefertigt. Denn die Massen, die die Norweger vertilgen, können einzelne Bauernhöfe gar nicht produzieren. Und damit der Käse en vogue bleibt, werden immer neue Geschmacksrichtungen kreiert.

Braunkäse fehlt auf fast keinem Frühstückstisch in Norwegen. Man isst ihn auf Brot, Knäckebrot, Waffeln oder Lefser, eine Art Fladenbrot. Scheiben werden mit dem Käsehobel abgehobelt, wobei an dieser Stelle natürlich erwähnt werden muss, dass der Käsehobel von einem Norweger erfunden wurde. Inzwischen gibt es Braunkäse aber auch in Scheiben.

Dass der Braunkäse mit verschiedenen internationalen Preisen ausgezeichnet wurde, muss wohl nicht extra erwähnt werden. Lassen Sie sich von dem ersten süßen Eindruck nicht abschrecken. Braunkäse zum Frühstück ist der Hammer.

Hering: Kein „Maatjesharing" ohne Norwegen

Der Hering wird in Norwegen nicht verehrt. Es ist auch nicht überliefert, ob die Wikinger den Hering bereits verarbeitet haben. Als Exportprodukt spielt er keine große Rolle – aber es gibt eine nette Geschichte zu diesem unscheinbaren Fisch.

Der Hering ist nämlich ein niederländisches Nationalgericht – genannt auch Dutch New Hering oder Maatjesharing oder Matjessild auf norwegisch. Die Heringssaison beginnt jedes Jahr im Juni mit der traditionellen Versteigerung des ersten Fasses mit neuem Hering. Dann folgen Matjespartys im ganzen Land. Traditionell wird hier der Matjes gemeinsam

verzehrt – und zwar am Schwanz gehalten, von oben in den Mund geführt und als Ganzes geschluckt. Handel und Zubereitung des eingelegten Herings sind seit Jahrhunderten fest in niederländischer Hand. Doch der Fisch selbst kommt aus Skandinavien, vor allem aus Norwegen. Jedes Jahr Ende Juni, wenn die Norweger längst auf ihren Hütten Urlaub machen, drängeln sich die Niederländer auf den Fischmärkten in Südnorwegen, um sich mit fettem Hering zu versorgen.

Nur der erste junge Hering der Saison, der noch nicht aufgetaucht ist, kann zum Maatjesharing verwendet werden. Er muss einen Fettgehalt von mindestens 16 Prozent aufweisen. Nur zwei Prozent aller in Nordeuropa gefangenen Heringe erfüllen diese Anforderungen. Der größte Anteil davon wird in Norwegen gefangen. Deshalb pilgern die Holländer zum Hering nach Norwegen, um sich frühzeitig entsprechende Mengen der Delikatesse zu sichern. Ist der Vertrag unter Dach und Fach, werden die Fische zur Verarbeitung in die Niederlande geschickt. Die Norweger selbst verarbeiten ihn in -zig Varianten. Den Hering mit weihnachtlichen Gewürzen sollten Sie unbedingt einmal probieren.

Der Heilbutt: Ein Ebenbild des Gottes Balder

Kveite, der weiße Heilbutt, zählt zu den teuersten und wertvollsten Speisefischen. In der nordischen Mythologie ist der Heilbutt die Verkörperung des weisen, sanften Gottes Balder, Sohn des großen Gottes Odin. Balder gilt als der friedlichste und reinste der Asen-Götter. Der Heilbutt, auf Norwegisch Kveite, wird Balder gleich als Gott verehrt. Man nennt ihn in Norwegen noch heute „The Queen" oder „The Godfish". Alte Felszeichnungen belegen, dass der Heilbutt, ein Plattfisch, bereits in der Steinzeit bekannt und begehrt war. Auch heute

Heilbutt in seiner ganzen Vielfalt

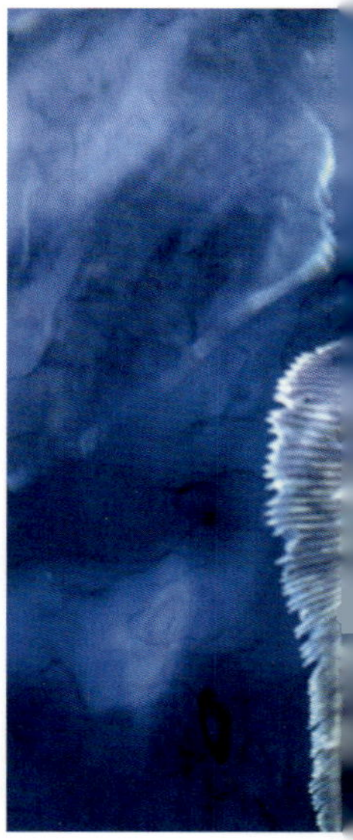

Sterling White

noch wird Heilbutt geliebt. Es ist ein festlicher Fisch, der zu besonderen Anlässen kredenzt wird. So kam er beispielsweise zum 70. Geburtstag der norwegischen Königin Sonja als Hauptgericht auf die königliche Tafel.

Der Heilbutt (Hippoglossus hippoglossus) oder Weißer Heilbutt hat seine Heimat unter anderem im Nordatlantik. Er hält sich in Tiefen von 50 bis 2.000 Metern auf und zählt zu den Plattfischen, also zur Familie der Schollen, die keine Gräten, sondern Knochen haben.

Ein in freier Wildbahn lebendes Tier kann vier Meter lang werden und ein sagenhaftes Gewicht von bis zu 300 Kilogramm auf die Waage bringen. Außerdem kann ein Heilbutt ein stattliches Alter von bis zu 50 Jahren erreichen.

Der Weiße Heilbutt ist in freier Natur relativ schwer zu fangen. Die Bestände sind stark zurückgegangen, der Fang wird stark reguliert. Ein Angler, der einen großen Heilbutt an der Leine hat, der länger als zwei Meter ist, hat keine Freude an dem Fang, denn ein solches Prachtexemplar muss wieder zurück ins Meer geschickt werden, da sich im Laufe des langen Lebens Umweltgifte im Körper ansammeln, die für den Menschen schädlich sein können.

Seit einigen Jahren wird Heilbutt gezüchtet. Während sich die Lachszucht in Norwegen bereits in den 1970er-Jahren etablierte, wurde die erste Heilbutt-Farm erst 2001 von der Sterling White Halibut AS gegründet. Weltweit gibt es etwa vier bis fünf Heilbuttzüchter, das norwegische Unternehmen ist der größte von ihnen. Im Verhältnis zur Lachsindustrie ist die Heilbuttzucht winzig. Aber die Industrie wird wachsen.

Der Hauptsitz der Sterling White Halibut AS befindet sich in Hjelmeland in Ryfylke in Rogaland, nördlich von Stavanger – eine gigantische Naturlandschaft mit Fjorden und Bergen. In Rørvik in Trøndelag hat das Unternehmen die Brüterei angesiedelt, in Vindafjord in Rogaland die Zuchtanlage und und in Hjelmeland eine Meeresanlage.

Lange Zeit vertrauten die Norweger dem gezüchteten Heilbutt nicht. Als das norwegische Team den Fisch aber 2007 beim weltberühmten Kochwettbewerb *Bocuse d'Or* verwendete, wollte jeder den Plattfisch haben, erzählt Magnus Skretting, damals Geschäftsführer von Sterling White Halibut AS. Bis dahin belieferte die Zuchtanlage nur Restaurants. Nach dem Erfolg zur Weltmeisterschaft der Köche kam der Fisch auch in die Geschäfte und in den Export. Sterling® ist inzwischen in 16 Ländern als Markenzeichen eingetragen.

Die Aufzucht an Land erfolgt in großen Behältern, in die kontinuierlich frisches, kaltes Seewasser bei gleichbleibender Temperatur gepumpt wird. Die ursprünglichen Zuchttiere stammen aus den frei lebenden Beständen vor der norwegischen Küste. In Hjelmeland, wo der Heilbutt seine letzten Jahre verbringt, lebt er dort in einem 650 Meter tiefen Fjord. Vom kleinen Ei über die Larven und die kleinen Fische bis zum ausgewachsenen Exemplar verbringt ein Heilbutt vier bis fünf Jahre in den verschiedenen Zuchtanlagen.

Frode Selvaag, Chefkoch des Unternehmens, empfiehlt daher, dem Heilbutt mit Respekt zu begegnen – Respekt für all die Zeit und Arbeit, die die erfahrenen Sterling-Mitarbeiter in die Aufzucht und Pflege dieses erstaunlichen Fisches gesteckt haben. „Als Koch muss man Respekt vor den Zutaten haben. Dann finden Sie die perfekte Verarbeitung des Rohmaterials", sagt Frode. „Wenn Sie unserem Sterling-Heilbutt mit Respekt begegnen, können Sie ihn auch gut kochen."

Frode zeigt den besten Köchen der Welt seit vielen Jahren, wie man Sterling-Heilbutt zubereitet. Der international renommierten Koch hat über 450 Heilbutt-Rezepte kreiert. Sein Favorit ist dabei noch immer die einfache Zubereitung des ganzen Fisches im Ofen. „Sollte der Heilbutt dafür zu groß sein, den Kopf entfernen und den Flossensaum mit einer Geflügelschere abtrennen. Bei Bedarf zusätzlich entlang der Mittelgräte halbieren und dann auf ein tiefes Backblech legen. Entweder natur mit Kräutern oder mit einer feinen Sauce, zum Beispiel Krustentiersauce, im Ofen schmoren oder backen."

Auf der Website des Unternehmens schreibt Frode:
Du brauchst
- 1 Stück. Sterling Heilbutt (ca. 5 kg)
- 100 Gramm grobes Salz

Den Heilbutt mit grobem Salz einreiben und dann unter kaltem Leitungswasser waschen. Mit Papiertüchern gut abtrocknen. Auf ein Backblech legen. Den Backofen auf 200 °C stellen. Die Zeit im Ofen bei 150 °C variiert zwischen 15 Minuten und 25 Minuten, also behalte das Thermometer im Auge und messe die Temperatur an der dicksten Stelle des Heilbutts. Bei 48° C das Thermometer entfernen. Danach den Fisch noch zehn Minuten an einem warmen Ort ruhen lassen.
Den Heilbutt vor den Augen der Gäste entkleiden, die Haut abziehen, mit etwas norwegischem Leinsamensalz bestreuen und genießen. Guten Appetit.

Smalahove, Köpfe von Lamm oder Schaf, werden in West-Norwegen als traditionelles Gericht zubereitet.©Thomas Rasmus Skaug/VIsit Norway

Lammfleisch: Getrocknet, gepökelt, geräuchert, gegart

Lammfleisch begegnet man in Norwegen in vielerlei Formen. Es wird getrocknet, gepökelt, geräuchert oder gegart. Eher selten wird Lammfleisch auf dem Grill oder in der Pfanne gebraten – die bevorzugte Zubereitungsform in vielen Ländern. Für all die Spezialiltäten, die in Norwegen aus Lammfleisch gezaubert werden, lässt man dem Fleisch eine intensive Vorbereitung angedeihen:

Fenalår ist ein geografisch geschützter Name für langsam geräucherte Lammkeule. Früher wurden die Lammkeulen an der Bergluft getrocknet, um das Fleisch für den Winter zu konservieren. Heute geschieht dies industriell und *Fenalår* kann man das ganze Jahr über kaufen.

Der Lammeintopf *Får i kål*, übersetzt heißt es Lamm in Kohl, gilt als norwegisches Nationalgericht. Zur Weihnachtszeit kommt Lammfleisch als *Pinnekjøtt* auf den Tisch, gepökelte Lammrippchen. Es ist das traditionelle Gericht, das in vielen

Familien am Heiligabend gegessen wird. Der Name setzt sich zusammen aus Pinne (Stäbchen) und Kjøtt (Fleisch). Wenn man das getrocknete und gesalzene Fleisch in der Folie im Supermarkt liegen sieht, kann man sich kaum vorstellen, dass daraus ein hervorragendes Festmahl werden könnte. Aber probieren Sie es aus. Man sagt dem Gericht nach, es sei aufwendig zuzubereiten. Ist es aber nicht. Sie müssen die Rippchen nur einen Tag vorher in Wasser einweichen und das Wasser mehrmals wechseln. Dann wird ein Topf unten mit Holzstäbchen ausgelegt, die man auch im Supermarkt kaufen kann. Das Fleisch wird auf die Stäbchen gestapelt, damit es nicht im Wasser liegt. Nun dünsten die Rippchen zwei, drei oder vier Stunden vor sich hin. Wenn sich das Fleisch gut von den Knochen lösen lässt, ist der große Moment gekommen. Als Beilage werden Kartoffeln und Kohlrübenmus (kålrabistappe) gereicht.
Fröhliche Weihnachten!

Multebær und Jordbær: Am besten pur

Multebær (Maulbeeren) gibt es vor allem in nordischen Ländern – die Norweger schwören darauf, dass die Qualität nirgends besser ist als in ihren Wäldern. Sie wachsen wild an einem niedrigen Strauch, sind anfangs rot, leuchten in voller Reife dann gelb-orange. Das Fruchtfleisch ist weich und saftig, der Kern sehr hart. Maulbeeren werden für Desserts, Fruchtsaucen, Likör und Marmeladen verwendet und zu Fischgerichten und Wild serviert.

Die Konfitüre *Hjemmelaget Multesyltetøy* wird sowohl in normalen Supermärkten als auch in Touristen-Shops verkauft. Machen Sie sich nicht die Mühe zu überlegen, ob Sie diese Konfitüre auf dunkles oder helles Brot, Knäckebrot oder Waffeln streichen. Wenn Sie einmal gekostet haben, löffeln Sie das Glas einfach leer. Die vielen Kerne stören zwar etwas, können den Genuss aber nicht mindern.
Auch norwegische Erdbeeren sind etwas Besonderes. Der gute Geschmack wird auf kühle Nächte und lange Tage mit viel Sonnenlicht zurückgeführt. Die Beeren haben eine lange Reifezeit und sind damit sowohl süß als auch frisch.

VOSS-Wasser: Die Form bestimmt den Inhalt

Die einen nennen es das wahrscheinlich teuerste Leitungswasser der Welt, die anderen eine moderne Ikone. Das Mineralwasser VOSS, das in der Gemeinde Iveland im Süden Norwegens aus der Erde tritt, gehört zu den teuersten Mineralwassern der Welt. Voss, zu deutsch Wasserfall, wird in der gehobenen Gastronomie als edles Wasser gereicht, ist aber auch in Supermärkten und Online-Shops erhältlich. Es wird in 50 Länder exportiert, und der Hersteller, die VOSS Production AS, bezeichnet das Wasser als das reinste Wasser der Welt. Das belegt das Unternehmen mit einer langen Liste von Mineralien, die im Wasser enthalten sind. Außerdem soll das Wasser artesisch sein, also aus eigener Kraft an die Oberfläche sprudeln. Das wird in zahlreichen Artikeln bezweifelt.

Wie auch immer – der Inhalt ist ganz bestimmt nicht das Geheimnis des Erfolges. Fakt ist: VOSS wird in einer wunderschönen Flasche abgefüllt. Das Design schuf Neil Kraft, einer der bekanntesten Marketingexperten der Welt. Er arbeitete für einige der größten Modemarken, kreierte Verpackungen für die edelsten Produkte, inklusive Parfüm, und war in den vergangenen Jahren an einigen der denkwürdigsten Werbekampagnen beteiligt. Im Jahr 2000 gründete er seine eigene Agentur KraftWorks.

An diese Agentur wandte sich VOSS mit der Bitte um Unterstützung für seine Mineralwasser-Werbung. Neil Kraft erinnert sich an den Beginn der Zusammenarbeit: „Bei unserem ersten Treffen platzte es aus mir heraus ‚Du brauchst keine Anzeige, du brauchst eine neue Flasche!'. Hier stehen natürlich die meisten Kunden auf und gehen, aber aus irgendeinem Grund haben sie mir vertraut."
Es war Krafts erster Ausflug außerhalb der traditionellen Werbung.
Die Inspiration für das schlichte, elegante Design der neuen Flasche holte er sich aus seiner Zeit, da er Flakons für verschiedene Duft-Marken kreierte.

Doch die Neugestaltung hatte einen Haken. Die Agentur fand in Europa keine Fabrik, die die seltsam geformten Flaschen bezahlbar herstellen konnte. Schließlich fand VOSS, nachdem es in vier oder fünf verschiedenen Ländern suchte, ein Werk in Irland, das das Design umsetzen konnte.

Neil Kraft erklärt heute auf seiner Website:
"Unsere Zusammenarbeit mit VOSS hat die Kategorie der abgefüllten Wasser neu definiert". Die VOSS-Wasserflasche wurde zur ultimativen Badge-Marke für hochwertiges Mineralwasser und ist es noch heute.

Königskrabben – Monster aus Russland

Die Tour zu den Reusen im Varangerfjord, in denen Königskrabben gefangen werden, gehört zweifellos zu den Highlights einer jeden Postschiff-Reise. Angekommen in Kirkenes, dem Wendepunkt der Fahrt entlang der norwegischen Küste, stehen die Busse der Tourismus-Veranstalter schon bereit, um die Gäste zu den Kuttern zu bringen. Unsere Autorin Renate Kissel beschreibt ihre Tour so: "In einer Hütte am Meer bekam jeder einen wasserdichten Anzug samt Handschuhen und Verhaltensmaßregeln. Dann preschten wir mit dem Schnellboot über´s Meer, um die ausgelegten Reusen mit den Monsterkrabben heraufzuziehen. Unser Experte sortierte die Krabben. Wir durften nur erwachsene männliche Tiere mitnehmen, so schreibt es das norwegische Gesetz vor. Die weiblichen und jungen Königskrabben wurden sofort wieder im Meer versenkt. Mit unserer Beute ging es an Land. In einem Fischerhäuschen bereiteten wir die Königskrabben zu. Etwa zehn Minuten wurden sie im kochenden Salzwasser gegart, um dann in einer Hütte mithilfe von Krabbenzange und Krabbengabel geknackt und dann mit einem köstlichen Weißwein verzehrt zu werden. Als Beilage nur eine Art Mayonnaise und Brot! Das zarte, etwas süßlich schmeckende feste Fleisch war einfach köstlich."

Die erste Begegnung norwegischer Fischer mit den Königskrabben freilich sah anders aus. Die Königskrabbe stammt

▷Gourmet-Fachfrau Renate Kissel nach erfolgreicher Krabbenjagd auf den Lofoten©Renate Kissel

eigentlich aus den nördlichen Ausläufern des Pazifischen Ozeans und war in Norwegen früher als „Kamtschatka-Krabbe" bekannt, benannt nach der Halbinsel an der Ostküste Sibiriens. In den 1960er-Jahren begannen sowjetische Biologen, diese Krabben aus dem Nordpazifik in die Gewässer um die Kola-Halbinsel herum in den Murmansk-Fjord auszusetzen. Hier gedieh die Krabbe prächtig, sodass sich ihr Lebensraum über die sowjetisch-norwegische Grenze hinaus immer weiter ausdehnte und 1977 schließlich die ersten Exemplare in norwegischen Fischernetzen landeten. Und es wurden immer mehr. Heute spricht man von einer russischen Invasion. Vielleicht waren es aber auch Flüchtlinge, die sich im Westen ein besseres Leben erhofften. Wie auch immer: Die Tiere waren derart fruchtbar, dass sie sich immer weiter gen Westen ausdehnten und jetzt vor der Küste der Westfinnmark und Troms zu finden sind. Rund um das Nordkap und weiter ostwärts gibt es die meisten Krabbenkolonien.

Die norwegischen Fischer waren keineswegs glücklich über diese Monster, die von Kralle zu Kralle bis zu 1,50 Meter messen, mehr als acht Kilo wiegen und über 20 Jahre alt werden können. Denn auf ihren Wanderungen über den Meeresboden verschlangen sie alles, was ihnen in den Weg kam. Zudem verhedderten sie sich in aufgestellten Netzen und Leinen, fraßen die Köder, die eigentlich für andere, begehrte Fischarten gedacht waren, und verursachten hohe Schäden.

Doch mit der Zeit erkannten die Fischer den Wert der Königskrabben, und in den Fischerdörfern blühte eine neue Industrie auf. Das norwegische Fischerdorf Bugøynes nördlich

▷Empfangsterminal, Aufbewahrung und Versand der Königskrabben
©Norway Kings Crab

des Polarkreises ist heute der wichtigste Ausgangspunkt der Königkrabben-Fischerei. Hier hat das Unternehmen Norway Kings Crab Holding AS, das ausschließlich mit lebenden Königskrabben handelt, seinen Hauptsitz.

Per QR-Code lässt sich zurückverfolgen, wo die Königskrabbe wann und von wem gefangen wurde. ©Norway Kings Crab

So gemütlich wie die Postschiff-Touristen die Jagd auf Königskrabben erleben, geht es in der realen Welt der Krabbenfänger natürlich nicht zu. Hunderte Fischer leben vom Krabbenfang und liefern ihre Fänge am Kai in Bugøynes ab. Alle paar Tage überprüfen sie die Käfige, in denen Hering und Makrelen als Köder dienen. Sobald eine Krabbe in der Landanlage ankommt, wird sie überprüft, gewogen und mit einer eindeutigen ID-Nummer inklusive QR-Code versehen, was eine 100-prozentige Rückverfolgung ermöglicht. Wer in einem der Nobel-Restaurants in London eine Königskrabbe aus Bugøynes auf dem Teller hat, kann leicht erfahren, welcher Fischer dieses Lebewesen wann und wo gefangen hat.

Nach der Ablieferung an den Docks von Bugøynes warten Tausende rote Königskrabben in riesigen runden Tanks auf ihren Weitertransport. Per Lkw werden sie nach Oslo gebracht. Dort verweilen sie einige Zeit in einem „Krabbenhotel", dass das Unternehmen für die Zwischenlagerung der lebenden Krabben in der Nähe des Flughafens Gardermoen in Oslo gebaut hat. Von Oslo aus werden sie in über 50 Länder geflogen, die meisten Königskrabben landen in Südkorea, Saudi-Arabien und den USA – lebend. Etwa zwei Drittel der Krabben, die für den Verzehr in der ganzen Welt bestimmt sind, gehen lebend auf Reisen.

Gemessen am Gesamtexport der Fischereiindustrie ist die Königskrabbe keine große Nummer. Aber die Nachfrage nach dieser Delikatesse wächst rasant. Die Exportpreise sind heute doppelt so hoch wie vor 20 Jahren. Das fördert natürlich auch die illegale Fischerei. Ein spektakulärer Betrugsfall endete 2021 mit einer Verurteilung des Hauptangeklagten zu einer mehrjährigen Gefängnisstrafe.

Auch für die Tourismus-Fischerei auf den King aller Krabben gelten strenge Regeln. Ein Unternehmen, das mit Touristen auf Jagd geht, darf zum Beispiel nicht mehr als 500 Königskrabben pro Monat fangen. Königskrabben, die von einem Touristenboot an Land geholt werden, können auch nicht verkauft oder für den normalen Verzehr verwendet werden, sondern dürfen nur den Teilnehmern der Reisegruppe serviert werden, die am Krabbenfang teilgenommen haben. Gegebenenfalls können einige Krabben bis zur nächsten Tour aufgehoben werden, im Falle, es begeben sich nicht genug Königskrabben in die Käfige, um den Touristen eine Freude zu machen.

Krabbenkochkunst auf Spitzbergen: Risotto mit Kürbis, Schneekrabbe und Königskrabbe.©Tuva Bull Hjeltnes/Nofima

Künftig sollen Touristen übrigens auch auf Spitzbergen, auf Norwegisch Svalbard, Krabben fangen und verzehren. Die norwegische Regierung verfolgt gemeinsam mit Wissenschaftlern den Plan, Schnee- und Königskrabben rund um die nördlichste Insel Norwegens anzusiedeln und die Hauptstadt Longyearbyen zum nördlichsten kulinarischen Reiseziel der Welt zu machen. Ein staatlich finanziertes Entwicklungs- und Forschungsprojekt zielt darauf ab, „Crab from Svalbard" genauso zu einem Markenzeichen zu entwickeln wie „Hummer aus Maine". ❐

Essen ist die halbe Reise. Egal, in welcher Region Sie unterwegs sind – norwegische Spezialitäten und Traditionen finden Sie überall. Für den Laien gibt es keine allzu großen Unterschiede, das heißt, ausländische Touristen ordnen die verschiedenen Speisen keiner speziellen Gegend zu. Allerdings wissen sicher die meisten, dass in Troms und Finnmark, der nördlichsten Region des Landes, die indigene Bevölkerung lebt, die Samen. Etwa 2.200 Einwohner verdienen in der Finnmark ihren Lebensunterhalt mit der Rentierproduktion. In der samischen Küche spielt Rentier demzufolge eine zentrale Rolle. Rentierfleisch kommt in allen erdenklichen Variationen auf den Teller. Wer von dieser lokalen Spezialität nicht probiert hat, hat die Reise umsonst gemacht.

Die Regionen, die an das Meer grenzen, haben vor allem Fischgerichte zu bieten, aber auch traditionelle Fleischgerichte stehen überall auf dem Speiseplan, egal ob ganz im Süden oder nördlich des Polarkreises. Die einzige Region, die keinen Zugang zur Küste hat, die Region Innlandet, hat genug Seen und Flüsse, um bezüglich maritimer Köstlichkeiten nicht ins Hintertreffen zu geraten. Das ganze Land ist derart reich mit Natur und natürlichen Ressourcen gesegnet, dass es völlig egal ist, wo Sie sich niederlassen und speisen. Hauptsache ist: Sie speisen lokal. Alles andere ist rausgeschmissenes Geld.

Zugegeben, es ist gar nicht so einfach, Restaurants zu finden, die typisch norwegische Speisen anbieten. Wir haben uns deshalb auf Entdeckungsreise in das Jotunheimen-Gebirge nach Brimiland begeben, eine Gegend zwischen Vågå und Lom, in der der Spitzenkoch Arne Brimi und einige Familienmitglieder die traditionelle norwegische Küche hochhalten.

©BPN

Einfach ein gutes Essen

Brimiland besteht aus der Alm Brimi sæter, einem Kletterpark, dem Hotel Brimi Fjellstugu, dem Restaurant Vianvang und vielen Bergabenteuern.

Wir haben einen Abend mit Arne und seinem Team im Restaurant *Vianvang* verbracht. Vianvang ist ein alter Begriff für Bergkönigin, Fjelldronning oder Bergfrue auf Norwegisch, – ein Steinbrechgewächs mit wunderschönen Blüten. Aslak Brimi, ein prominenter Geigenspieler und auch ein Sprössling der Familie, hat mit seinem Aslak Brimi Quartet sogar ein Stück namens Vianvang im Repertoire, in dem er die Schönheit dieser Blume besingt. Eine solche Bergkönigin hat Arne in den 1990er-Jahren inspiriert, im Jutunheimen-Gebirge sein eigenes Königreich zu errichten. Hoch auf dem Berg baute er *Vianvang* – ein Gourmet-Restaurant der besonderen Art.

Aber Stopp, hier würde Arne schon widersprechen. Was heißt Gourmet-Restaurant? *Vianvang* ist kein Gourmet-Restaurant. (Sorry, ich hatte mich von den Preisen leiten lassen.) *Vianvang* besucht man, weil man hier etwas findet, was Dir im Leben noch gefehlt hat. Hierher kommt man, um einen wirklich guten Abend zu verbringen, den Du Dein Leben lang in Erinnerung behalten wirst. Das Ziel ist erreicht, wenn Du zufrieden und satt bist, etwas mehr bekamst, als Du erwartet hast, und Dich dieses Erlebnis von Natur, gutem Essen und freundlichen Menschen etwas bescheidener macht. So zumindest sieht es Arne.

Die Verabredung mit Arne war nicht einfach. Es gibt keine Reservierungsmöglichkeit auf der Homepage. Nur Arnes Aussage am Telefon: "Wir treffen uns gewöhnlich halb acht im Hof." Also suchten wir ein Hotel gleich in der Nähe.

Das nächstgelegene Hotel zu *Vianvang*, die Brimi Fjellstugu, die Arnes Schwester Lene gehört, war ausgebucht. Hierhin laden Unternehmen aus Oslo gern ihre gestressten Manager ein, um für ein paar Tage Natur, Abenteuer und gutes Essen zu genießen. In unserem Fall ist uns eine Baufirma aus Oslo zuvorgekommen, die etwa 20 Mitarbeiter per Bus nach Brimiland brachte. Aber von Otta aus, der nächsten Stadt, in der wir ein Hotel gefunden haben, ist *Vianvang* in 50 Minuten auch gut zu erreichen.

Es war schon dunkel, als wir über holprige Wege in das Gebirge hinauf fuhren. Ohne Navigationsgerät hätten wir die Lokalität nie gefunden. Aber zum Glück ist der Mobilfunk in Norwegen besser entwickelt als in Deutschland. Als wir am *Vianvang* ankamen, brannten überall Fackeln und Kamine. Im Hof stand Arne mit einem braunen Zottelmantel und begrüßte uns herzlich in seinem breiten Dialekt. Der Abend konnte beginnen:

Der Starkoch erzählt über *Vianvang*, seinen Lebenstraum. Stück für Stück hat er hier im höchsten Gebirge Norwegens einen Ort der norwegischen Esskultur geschaffen. Sein Restaurant soll nicht das beste sein, sondern anders. Auf Michelin-Sterne legt er keinen Wert. Er war lange Zeit Mitglied im norwegischen Nationalteam der Weltmeisterschaft der Köche. Er hat jede Menge Titel gewonnen. Kochshows für das Fernsehen produziert, ist Ehrendoktor der Universität für Umwelt und Lebenswissenschaften, hat hohe Auszeichnungen bekommen und viele Bücher über norwegische Kochkunst geschrieben. Was auch immer er in seinem Leben unternommen hat – sein Restaurant *Vianvang* war und ist ihm das Wichtigste.

Der Azubi Hans bereitet Beeftartar mit einen Schluck Gin zu.©BPN

Während er vor einem beeindruckend großen Kamin steht, der in einen Felsen gehauen ist, erklärt er den ersten Gang: geschmolzener Käse mit getrocknetem Rentierherz. Nicht nur hoch im Norden gibt es Rentiere. Bereits seit dem 15. Jahrhundert ist dokumentiert, dass auch in Jotunheimen Rentiere weideten. Jotunheimen ist ein ausgezeichnetes Gebiet für Rentiere. In den Bergen schmilzt der Schnee langsam und die Rentiere grasen nach oben, während Heide und Flechten auftauchen. Die Tiere werden gut gefüttert und das Fleisch hat eine ausgezeichnete Qualität. Weidefläche und Fleischqualität hängen zusammen. „Rein fra Jotunheimen" ist ein geschützter geografischer Name, den das Fleisch der vier Rentierherden mit mehreren Tausend Tieren in Valdres/Fram, Lom, Vågå und Filefjell tragen darf.

Arne reibt vorsichtig das getrocknete Rentierherz über den Käse. Nicht viel, aber genug um zu schmecken, dass neben dem wunderbaren geschmolzenen Käse noch eine andere Geschmacksrichtung den Gaumen umschmeichelt.

Forelle frisch auf den Tisch vom nahegelegenen See Tasse©BPN

Arne Brimi (Mitte) legt den Rentierbraten auf.©BPN

Wir gehen gemütlich ins Restaurant und versuchen, nicht zu viel Käse vom Löffel tropfen zu lassen. Diesen Happen zu verschwenden wäre sträflich. Man reicht uns einen Blance de Blancs Vintage 2011, Battenfeld-Spanier aus Rheinhessen. Egal, wie edel der Tropfen sein mag. Der Sekt aus Deutschland muss warten, erst muss der Löffel noch gründlich abgeleckt werden.

Arne hat uns irgendwie überholt, steht an einem Kochtresen vor einem Topf und teilt Schneehuhn-Suppe aus. Jeder nur ein kleines Schälchen. Wie schade. Diese Kreation mit einem einzigartigen Geschmack hätte ich für jeden Gang akzeptiert. An einem anderen Tresen wartet Hans auf uns. Hans ist ein Lehrling. Er hat einen deutschen Vater und spricht Deutsch. Alle im Brimi-Team sind glücklich, dass sie uns eine deutsche Begleitung zu Speis' und Trank an die Seite stellen können.

Hans dreht Beef durch den Fleischwolf und macht daraus Tartar. Das Beef muss bei einer Temperatur von 3° Celsius verarbeitet werden, um seine Struktur zu behalten. Neben Hans steht eine Flasche Craft-Gin von Straumgjerde. Der Gin wird auf dem kleinen Bauernhof Nymarka in einer umgebauten Garage produziert, aus norwgischen Kartofflen natürlich. Das verwendete Wasser ist Schmelzwasser von Gletschern in der Sunnmørsalpane. Diesen Gin gießt man über das Beeftartar, die einen mehr davon, die anderen weniger.

Wir schlendern in den nächsten Raum. Dort wartet gekochter Braunkäse, der schwarz ist wie die Nacht. Eher ein Brei. Auch diese Portion ist viel zu klein.

Auf der Suche nach eventuellem Nachschlag bleibt man beim nächsten Gericht hängen: Heilbutt mit Königskrabbe. Und schon steht auf einem anderen Tisch wieder ein besonderer Snack: Fischtartar mit Fenchelsauce und Wachtelei. Das letzte Schälchen, das wir im Flanieren verzehren, enthält ein kleines Lammsteak auf einer Art Eierkuchen. "Das ist ein Blini, wie die Russen ihn zubereiten", erklärt eine Köchin.

Nun werden wir zu Tisch gebeten. Was heißt Tisch? Das Restaurant umfasst mehrere ineinander übergehende Räume. Hier stehen keine Tische, sondern lange Tafeln mit insgesamt 90 Plätzen. Selten sind alle besetzt. Arne mag es nicht, wenn es zu voll wird. Deshalb stehen auch keine Wegweiser zum Vianvang an den Straßen. Im Juli, wenn zu viele Touristen in der Gegend Urlaub machen, hat er geschlossen. Sie sollen lieber im Herbst und im Frühjahr noch einmal zu ihm kommen. Obwohl wir einen Fünf-Meter-Tisch für uns allein haben, fühlen wir uns nicht verloren. Im Gegenteil. Wir sitzen auf den besten Plätzen, sozusagen in der Loge, von wo aus wir Arne und sein Team hinter dem Tresen gut im Blick haben.

Jetzt richtet er eine im Ofen gebackene Forelle mit einer Sauce Hollandaise an. Für die Sauce hat er Butter aus den Bergen verwendet, die einige Zeit in einem Heuhaufen zugebracht hat. "Das Heu habe ich selbst geernet", erklärt Arne stolz. Und tatsächlich – die Sauce duftet und schmeckt nach Heu. Dazu wird ein Blumenkohl gereicht, eine alte Art, aber neu gezüchtet.

Das nächste Gericht, zart rosa gebratenes Rentier auf Wurzelgemüse, holen wir uns wieder selbst ab. Vor allem staunen wir über die Tatsache, dass man aus Rüben, Kohl, Möhren, Rote Beete und Kartoffeln eine so edle Beilage zaubern kann.

Inzwischen stehen vor uns auf dem Tisch einige halb geleerte Weingläser. Wir hatten die Weinbegleitung zum Menü bestellt. Der Sommelier, Arnes Sohn, empfiehlt einen La Bruja de Rozas aus dem Valle del Tietar, 2017, zum Rentier. Die Weinanbaugebiete des spanischen Weinguts Comando G S.L. erstrecken sich über die Landschaften der Meseta. Even Brimi kennt den Winzer natürlich gut und hat dem Weingut auch schon einen Besuch abgestattet.

Wir dürfen jetzt den Käse wählen. Hans gibt uns eine kurze Einweisung. 25 norwegische Sorten und zwei Sorten aus Frankreich stehen zur Auswahl. Mit dabei ist auch der Kraftkar, der Blauschimmelkäse vom Bauernhof Saughaug auf Nordmøre, der 2016 bei den World Cheese Awards zum besten Käse der Welt gekürt wurde.

Pause vom Schlemmen. Wir besuchen den Weinkeller. Arne sagt, wir sollen uns nicht wundern, hier herrsche nicht so eine Ordnung wie in deutschen Weinkellern. Aber er wisse, welcher Wein sich an welchem Platz am besten fühlt. Fünf bis sechs deutsche Weißweine von der Mosel haben es in den berühmten Weinkeller des Kochs geschafft. Arne lobt vor allem den deutschen Riesling der Extra-Klasse. Er erklärt, wie er das Restaurant weiter ausbauen will, ohne Steine vom Berg wegzusprengen. Schon jetzt, hier im Keller, sieht man, wie behutsam er das Haus auf den Fels gebaut hat.

Das Dessert wartet: Apfelmus-Salsa mit luftiger Karamellcreme, Eis aus Joghurt mit Zimt und knusprigen Haferflocken.
Sorry, das war noch nicht das Dessert. Erst jetzt kommt der Abschluss: Omas Braunkäse, Karamell mit gekochten Preiselbeeren und Apfelsinencreme.

Es wird Zeit aufzubrechen. Takk for maten, lieber Arne.
Danke für das gute Essen, danke für die Zeit, die Freundlichkeit und die Gespräche mit Dir, Deinen Helfern und mit Hans. Wir hatten einen unvergesslichen norwegischen Abend. ❐

Zu guter Letzt

Kein Schafskopf in der Bülowstraße

Nun stellen Sie sich sicher die Frage, ob und wo man all die beschriebenen norwegischen Speisen und Spezialitäten in Deutschland genießen kann. Einfache Antwort: im Restaurant Munch's Hus in der Bülowstraße 66 in Berlin. Es ist tatsächlich das einzige Etablissement, das zwischen Nordsee und Alpen norwegische Küche serviert. Hier gibt es viele der Gerichte, die im Buch beschrieben werden, und noch mehr. Allerdings fehlt der geschmorte Schafskopf. Aber das können Sie vielleicht verkraften.

2001 hat der Norweger Kenneth Gjerrud das Restaurant Munchs' Hus in Berlin-Schöneberg eröffnet. „Es sollte ein norwegisches Restaurant sein, dem der gute Ruf Norwegens in Deutschland nutzt, aber ohne den Zusatz: Das ist wahnsinnig teuer", sagt Kenneth, der das Kochen auf einem Schiff erlernte. Das Restaurant lief von Anfang an wie geschmiert. Ohne Reservierung gibt es in Munch's Hus am Wochenende keinen Platz.

Natürlich passt sich der Koch den Gästen an. Nicht nur der Schafskopf fehlt. Beim Skrei zum Beispiel bietet Kenneth nur das Filet – die geschmorten Bäckchen, die Zunge, geschmorte Leber oder Rogen gehen nicht so gut.

Auch wegen der Einkaufsmöglichkeiten muss der norwegische Koch Kompromisse machen. Norwegen gehört nicht zur EU – Lebensmittel werden kaum nach Deutschland exportiert. Elch, Rentier und andere Wildsorten bezieht er aus Schweden. Auf Erdbeeren aus Norwegen, nach seiner Meinung die besten der Welt, muss er ganz verzichten.

Aber ob Norwegen oder Schweden – „man weiß ja nicht, ob das Fleisch, das ich in Schweden kaufe, nicht doch von einem Elch stammt, der in Norwegen geboren wurde und dann über die Grenze gewandert ist", erklärt er verschmitzt.

Als Hoflieferant der Nordischen Botschaften in Berlin sind die Grenzen ohnehin fließend. Kenneth betreibt auch die Kantine der Nordischen Botschaften und sorgt bei nahezu jeder Veranstaltung in der Berliner Rauchstraße, wo die Skandinavier in einem Gebäude ihre Botschaften untergebracht haben, für die kulinarische Begleitung. Wann immer norwegische Unternehmen in Deutschland Gäste einladen – das Catering kommt meist von Munch's Hus.

Es gibt zwar nur ein norwegisches Restaurant in Deutschland – norwegische Küche auf Wunsch aber überall.

©Munch's Hus

Salate und kleine Gerichte

Gefüllte Pilze
Fyllte sopp

75 g Gerstengraupen
etwa 400 ml Gemüsebrühe
12 Waldchampignons, ersatzweise braune Zuchtchampignons
4 EL Öl
1 Zwiebel
1 Mohrrübe
frische Kräuter wie Petersilie, Thymian, nach Belieben auch Majoran
Salz
frisch gem. schwarzer Pfeffer
20 g Butter
70 g Käse, vorzugsweise Jarlsberg, ersatzweise Emmentaler

Öl für die Form

Die Gerstengraupen mit der Gemüsebrühe aufkochen und bei niedriger Temperatur etwa 20 Minuten kochen.

Die Champignons putzen. Die Stiele der Champignons herausdrehen und feinhacken. Die Lamellen mithilfe eines kleinen Löffels entfernen. Die Pilzhüte mit 2 Esslöffel Öl einstreichen. Die Zwiebel abziehen und fein hacken. Die gewaschene Mohrrübe in kleine Stücke schneiden. Die Kräuter waschen, trockenschütteln, die Blättchen von den Stielen zupfen und hacken. Einige Blättchen für die Garnitur zurückbehalten.

Den Backofen auf 200 °C Ober- und Unterhitze vorheizen. Eine Auflaufform mit Öl ausstreichen. Das restliche Öl in einer Pfanne erhitzen und die Butter zufügen. Die Zwiebel darin andünsten. Die Mohrrübe und die gehackten Stiele zugeben und leicht braten. Vom Herd nehmen. Sollte die Brühe der Gerstengraupen nicht ganz verkocht sein, diese abgießen und anderweitig verwerten. Alles mit den Gerstengraupen und den Kräutern vermischen und in die Pilzhüte füllen.

Die Pilzhüte in die Form geben und im Backofen etwa 10 Minuten backen. Mit dem Käse bestreuen und weitere 10 Minuten im Ofen belassen. Mit den restlichen Blättchen garniert, warm servieren.

Info: Der Name der Käsesorte Jarlsberg führt auf den Wikingerfürsten Jarle zurück. Der Käse wird nach alten bäuerlichen Rezepten hergestellt. Fast vergessen, kümmerten sich Ende des 19. Jahrhunderts Experten der Universität Ås zusammen mit Genossenschaften um die Wiederbelebung der Rezeptur. Sowohl in Norwegen als auch im Export ist es einer der beliebtesten Käse.

Pfannkuchen

Pannekaker

Die Butter zerlassen und etwas braun werden lassen, sodass Sie Nussbutter erhalten. Das Mehl mit Milch und Mineralwasser verrühren. Die Eier aufschlagen und zufügen. Die zerlassene Butter hineinrühren, mit Salz würzen und etwas ruhen lassen.

Eine Pfanne kurz erhitzen. Das Öl und die Butter hineingeben, aber nicht zu heiß werden lassen. Den Teig portionsweise einfüllen und die Pfanne so schwenken, dass sich der Teig gut verteilt. Dünne Pfannkuchen beidseitig backen.

Tipp: Die Pfannkuchen können mit Blaubeeren oder Roter Grütze serviert werden. Gern werden sie auch mit Marmelade bestrichen und aufgerollt. Auch pikant finden sie Liebhaber, ob gefüllt mit dem beliebten braunen Käse, dem Gudbrandsdalen, und mit Rosinen bestreut oder mit Schinkenwürfeln, Bratresten oder Pilzen. Sie sind immer ein Genuss.

Info: Schon die Wikinger wussten Salz zu räuchern. Sie gossen einfach Meerwasser über braunes, verkohltes Holz, das dann verdampfte. Es nahm den Geschmack des Holzes an und die Rauchsalzblüte musste nur noch abgekratzt werden.

Für 4 Stück:

80 g Butter
160 g Mehl
500 ml Milch
200 ml Mineralwasser
4 Eier
Meersalz, vorzugsweise geräuchert

Für die Fertigstellung:
2 EL Öl und 40 g Butter

Rote Bete mit gebackenem Ei

Krydrete rødbeter med bakt egg

1 kg Rote Bete
8 EL Essig, vorzugsweise Apfelessig
30 g Zucker
Salz
frisch gem. schwarzer Pfeffer
1 Lorbeerblatt
2 Nelken
½ TL Kümmel
2-3 Scheiben frischer Meerrettich, nach Belieben
1 Zwiebel
6 EL Öl

Für die gebackenen Eier:
8 Eier
½ kl. Bd. Schnittlauch
8 eingelegte Sardellen aus dem Glas
2 EL Semmelbrösel

Butter und Mehl für die Förmchen

Die Rote Bete gründlich bürsten. Die Stilansätze und Wurzeln vor dem Kochen nicht abschneiden, da sonst der rote Farbstoff auskocht.

1 ½ Liter Wasser mit 3 Esslöffeln Essig zum Kochen bringen. Rote Bete hineingeben und etwa 50 Minuten kochen lassen.

Für die Marinade den restlichen Essig mit 3 Esslöffeln Wasser und alle weiteren Zutaten, bis auf die Zwiebel und das Öl, kurz aufkochen und beiseitestellen.

Die lauwarmen Rote Bete schälen, in dünne Scheiben schneiden und in eine Schüssel geben. Die Zwiebel abziehen, hacken und zusammen mit dem Öl und der Marinade über die Rote Bete geben. Gut abgedeckt etwa 12 Stunden an einen kühlen Ort stellen. Hin und wieder durchmischen.

Zum Auftragen die gebackenen Eier fertigstellen. Dazu vier kleine Förmchen mit Butter ausfetten und Mehl ausstäuben, kurz in den Kühlschrank stellen.

Den Backofen auf 180 °C Ober- und Unterhitze vorheizen.

Die Eier aufschlagen und in eine Schüssel geben. Den Schnittlauch waschen und in Röllchen schneiden. Die Sardellenfilets klein schneiden. Beides mit den Semmelbröseln unter die Eimasse rühren und in die Förmchen füllen. Im Backofen etwa 15 Minuten backen, bis die Masse fest geworden ist. Dann zusammen auftragen.

Info: Für den kurzen norwegischen Sommer ist die robuste Pflanze ein ideales Gewächs. Eingelegte Rote Bete fehlt auf keinem norwegischem kalten Büfett, dem koldbord.

Rübenflan mit Jakobsmuscheln
Flan med kamskjell

250 g Mohrrüben
250 g Steckrüben
Salz
4 Eigelbe
20 g Speisestärke
frisch gemahlener weißer Pfeffer
1 Msp. Muskatblüte
1 halbe, dünne Lauchstange
1 Stück Ingwerknolle, etwa 1cm
4 Jakobsmuscheln, küchenfertig
3 EL Öl
40 g Butter
Algensalz,
ersatzweise Meersalz

Butter für die Förmchen

Die Mohrrüben und die Steckrübe waschen und schälen. Es sollten nach dem Schälen je 200 g Rübenmasse übrig bleiben. Die Rüben klein schneiden, in einen Topf geben, knapp mit Wasser bedecken, salzen und weich kochen. Sollte nicht alles Wasser verkocht sein, abgießen und anderweitig verwerten.

Den Backofen auf 180 °C Ober- und Unterhitze vorheizen. 4 Timbalförmchen, ersatzweise Tassen, gut mit Butter ausstreichen.

Die Rüben pürieren. Die Eigelbe mit der Speisestärke verrühren und zu den Rüben geben. Mit Salz, Pfeffer und Muskatblüte fein abschmecken. Diese Masse in die Timbalförmchen füllen und auf der Arbeitsplatte leicht aufschlagen. In ein Wasserbad setzen. Im Backofen untere Schiene etwa 25 Minuten garen, evtl. eine Garprobe mit einem Hölzchen vornehmen.

Inzwischen den Lauch gründlich waschen und in hauchdünne Ringe schneiden. Den Ingwer schälen und fein reiben. Die Jakobsmuscheln abspülen, trockentupfen und mit dem Ingwer bestreichen.

Das Öl in einer Pfanne erhitzen. Die Butter zufügen und die Jakobsmuscheln mitsamt den Lauchringen bei mittlerer Hitze etwa 2 Minuten braten, wenden und 1 oder 2 Minuten auf der anderen Seite braten. Leicht mit Algensalz und weißem Pfeffer würzen.

Zum Anrichten die Timbale auf die Mitte des Tellers stürzen, die Jakobsmuscheln zufügen und die Lauchringe darum verteilen. Den Bratensaft über die Jakobsmuscheln geben.

Festlicher kleiner Lachskuchen
Festlig liken laksekake

Die Zutaten für den Teig schnell zusammenkneten, in Klarsichtfolie verpacken und für mindestens 1 Stunde in den Kühlschrank legen.

Die Frühlingszwiebeln waschen, trockentupfen, in dünne Ringe schneiden und in ein Schälchen geben. Mit dem Olivenöl benetzen. Die Form einfetten, mit Mehl bestäuben, überschüssiges Mehl ausklopfen und kurz in den Kühlschrank stellen.

Den Backofen auf 200 °C Ober- und Unterhitze vorheizen. Den Teig dünn ausrollen und die Form damit auslegen. Den Teig etwas andrücken, mit der Gabel mehrfach einstechen und im Backofen auf der mittleren Schiene etwa 18 Minuten backen. Inzwischen den Frischkäse mit Schmant und Frühlingszwiebeln vermischen.

Den Teigboden aus dem Ofen nehmen und nach einigen Minuten aus der Form lösen. Nach dem Abkühlen mit der Frischkäsemischung bestreichen. Die Raukeblättchen an den Rand legen. Den gebeizten Lachs zu Rosetten formen und auf den Teigboden verteilen. In die Rosette jeweils ein Teelöffel Kaviar hinein geben.

Tipp: Für festliche Anlässe können Sie auch kleine Förmchen von etwa 7 Zentimeter Durchmesser verwenden, sodass Portionshäppchen daraus werden. Die Teigförmchen können schon ein bis zwei Tage im Voraus gebacken werden. Sie lassen sich auch gut einfrieren.

Info: Der Ossietra- oder Beluga-Kaviar ist nicht nur eine Delikatesse vom Sibirischen Stör, sondern sieht durch seine schwarz-graue Farbgebung zusammen mit dem Lachs besonders ansprechend aus.

Für eine Form von etwa 21 cm Durchmesser mit gewelltem Rand:

Für den Teig:
150 g Weizenmehl, Type 550
100 g Butter
1 Ei
Salz
1 Msp. geh. getrockneter, wilder Thymian

Für den Belag:
2 Frühlingszwiebeln
2 EL mildes Olivenöl
100 g Frischkäse
50 g Schmant
einige Rauke-Blättchen
200 g gebeizter Lachs
50 g Ossietra oder Beluga Kaviar

Butter und Mehl für die Form

Leberterrine

Leverpostei

Für etwa 16 Portionen:

2 Zwiebeln
2 EL Öl
600 g Leber, vorrangig vom Schwein
300 g frischer Speck
100 g Schweinemett
50 g Sardellenfilet
350 g Räucherspeckscheiben
30 g Butter
20 g Mehl
20 g Semmelmehl
250 ml Sahne
3 Eier
Salz
frisch gem. Pfeffer
1 Msp. Pimentpulver
abgeriebene Muskatnuss
1 Msp. Nelkenpulver
½ TL getr. Thymian
½ TL getr. Majoran
2 EL Sherry, nach Belieben

Die Zwiebeln abziehen und hacken. Das Öl in einer Pfanne erhitzen und die Zwiebeln darin glasig dünsten, dann erkalten lassen. Die Leber waschen und trockentupfen.

Die Leber, den Speck, das Schweinemett, das Sardellenfilet und die Zwiebeln zweimal durch die feinste Scheibe des Fleischwolfs drehen.

Eine Pasteten- oder Königskuchenform mit den Räucherspeckscheiben so auslegen, dass die Scheiben später, wenn die Lebermasse eingefüllt wird, zum Abdecken genommen werden können. Den Backofen auf 180 °C Ober- und Unterhitze vorheizen.

Die Butter, das Mehl, das Semmelmehl und die Sahne gut verrühren und zu der Lebermischung geben. Nach und nach die Eier unterheben. Die Masse gut verrühren. Mit Salz, Pfeffer, Piment, Muskatnuss, Nelkenpulver, Thymian, Majoran und Sherry gut würzen. In die Form füllen und auf der mittleren Schiene im Wasserbad etwa 1 ½ - 2 Stunden garen. Erst nach dem völligen Erkalten stürzen!

Info: Wesentlicher Bestandteil eines kalten Büfetts ist die Leberterrine, kunstvoll mit Zwiebelringen, gedünsteten Champignons, Gürkchen, Tomaten und Kräutern angerichtet. Sogar auf einem opulenten Frühstückstisch fehlt sie fast nie.

Saure Kartoffeln mit Räucherlachs

Sur poteter med røkt laks

1 Zwiebel
400 g Kartoffeln
2 EL Öl
25 g Butter
etwa 200 ml Gemüsebrühe
2-3 Stängel frischer Dill
125 g saure Sahne
Salz
nach Belieben:
abgeriebene Muskatnuss
200 g Graved Lachs,
evtl. mit Wildkräutern

Die Zwiebel abziehen und würfeln. Die Kartoffeln schälen und in hauchdünne Scheiben schneiden.

Das Öl in einer Pfanne erhitzen und die Butter zufügen. Die Zwiebel darin einige Minuten glasig andünsten. Die Kartoffelscheiben zufügen, einige Minuten garen und die Hälfte der Brühe angießen. Nach dem Aufkochen bei niedriger Hitzezufuhr köcheln lassen, bis sie gar sind. Bei Bedarf noch etwas Brühe nachgießen. Zwischenzeitlich den Dill waschen, trockenschleudern und hacken.

Die Kartoffeln vom Herd nehmen und in einer Schüssel mit der sauren Sahne vermischen. Den Dill zufügen und mit Salz, eventuell auch mit wenig Muskatnuss, würzen.

Die Kartoffeln mit dem Räucherlachs anrichten!

Tipp: Dazu ein Löffel Preiselbeeren und der Genuss ist einmalig!

Rühreier mit Pilzen und heiß geräuchertem Lachs

Eggerøre med sopp og varmrøkt laks

Die Pilze putzen und in Scheiben oder Stücke schneiden. Die Zwiebel abziehen und würfeln. Den Lachs in kleine Stücke zupfen. Die Kräuter waschen und die Blättchen hacken. Die Eier mit der Milch verrühren.

Eine Pfanne erhitzen, das Öl hineingießen und die Pilze darin unter Rühren einige Minuten braten. Die Zwiebel zufügen und weiterbraten, bis sie gar sind. Die Eier-Milch angießen und den Lachs mit Kräutern zufügen, einige Blättchen für die Garnitur zurückbehalten. Mit Salz und Pfeffer würzen. Einen Deckel auf die Pfanne geben und die Masse stocken lassen.

Auf vorgewärmten Tellern servieren und mit den restlichen Kräutern garnieren!

Tipp: Für dieses Gericht eignet sich besonders der mit Pfeffer gewürzte Lachs. Steinpilze, aber auch braune Champignons sind eine gute Wahl.

Info: Stremellachs – Atlantischer Lachs (Salmo salar) wird zunächst in Salzlake eingelegt und bei etwa 70 °c heiß geräuchert.

200 g Pilze
1 kl. Zwiebel
200 g heiß geräucherter Lachs (Stremellachs)
einige Stängel Wildkräuter
4-6 Eier
75 ml Milch oder Sahne
3-4 EL Öl
Salz
frisch gem. schwarzer Pfeffer

Belegtes Roggenbrot

Åpne rugbrød

Den Apfel waschen, vom Kerngehäuse befreien und in kleine Stücke schneiden. Mit dem Zitronensaft beträufeln. Die Dickmilch, den Ziegenfrischkäse, das Öl, die Kapern und den Meerrettich zufügen.

Den Fisch auf Gräten kontrollieren, zerpflücken und unterheben. Mit Salz und Pfeffer würzig abschmecken. Abgedeckt im Kühlschrank etwas durchziehen lassen.

Inzwischen die Blüten, die Salatblätter und die Radieschen vorsichtig waschen. Die Radieschen in Scheiben schneiden.

Die Brotscheiben nach Belieben dünn mit Butter bestreichen und den Fisch mit Blüten, Salatblättern und Radieschen belegen.

Tipp: Für diesen Imbiss können Sie jeden Fischrest und je nach Jahreszeit Blüten, Wildkräuter oder Sprossen für die Garnitur verwenden. Als Dekoration zum „Mitessen" sehen Kapuzinerkresseblüten besonders schön aus. Die Knospen können Sie in Essig einlegen, um z. B. eine Sauce zu verfeinern.

1 Apfel
1 EL Zitronensaft
125 g Dickmilch
50 g Ziegenfrischkäse
1 EL Öl
1-2 TL Kapern
1-2 TL Sahnemeerrettich
175 g Fischfilet, gegart
Meersalz
frisch gem. Pfeffer

Für die Garnitur verwenden:
Blüten
Salatblätter
Radieschen

4 Scheiben Roggenbrot
Butter nach Belieben

Wildkräuterwaffeln und Petersilien-Pesto
Ville urtevafler og persillepesto

Für 8 Stück:

200 g Weizen- oder
Dinkelvollkornmehl
4 Eier
400 ml Milch oder Wasser
4 TL getr. Wildkräuter und
Wildblüten
Lava- oder Meersalz

Butter für das Waffeleisen

Für das Petersilien-Pesto:
50 g Petersilie
150 ml Öl, vorzugsweise Olivenöl
150 g Schafkäse
75 g gem. Haselnüsse
Salz

Zunächst das Petersilien-Pesto herstellen. Die Petersilie waschen und trockenschleudern. Zusammen mit dem Olivenöl pürieren. Den Schafkäse und die gemahlenen Haselnüsse zufügen, mit Salz würzen.

Für die Waffeln das Mehl in eine Schüssel geben und mit den Eiern verrühren. Milch oder Wasser unter Rühren zufügen, dann die Wildkräuter und Wildblüten. Die Masse mit Salz würzen.

Das Waffeleisen vorheizen und mit Butter einstreichen. Jeweils etwas Teig hineingeben und in einigen Minuten fertig backen.

Das Petersilien-Pesto dazu servieren!

Tipp: Mit Öl bedeckt hält sich das Petersilien-Pesto im Kühlschrank gut eine Woche. Verwenden Sie möglichst die glattblättrige Petersilie, sie ist würziger!

Suppen und Eintöpfe

Bergener Fischsuppe

Bergensk fiskesuppe

Für die Fischbrühe:
1,5 kg Karkassen, Gräten und Köpfe von Dorsch, Flunder, Seelachs oder anderen Weißfischen
1 kl. Stange Lauch
1 kl. Selleriestange
1 Mohrrübe
1 Petersilienwurzel
1 Zwiebel
1 Nelke
1 Lorbeerblatt
1 Thymianzweig
2 Stängel Petersilie, glattblättrig
je 5 Pfefferkörner, weiß/schwarz
nach Belieben 40 g Butter

Für die Suppe:
2 Mohrrüben
¼ Sellerieknolle
½ Stange Lauch
500 g Kabeljaufilet
1 EL Kräuteressig
3 Stängel Kerbel oder Petersilie
40 g Butter
30 g Mehl
½ TL getr. Thymian
Salz
frisch gem. Pfeffer
150 g Garnelen, küchenfertig
200 ml Sahne
100 g Schmand/saure Sahne
2 Eigelbe

Zunächst wird die Fischbrühe hergestellt. Dazu die Fischkarkassen gründlich waschen. Die Kiemen entfernen, die Karkassen zerkleinern und nochmals abspülen. Das Gemüse waschen, putzen und zerkleinern. Die Zwiebel mit Nelke und Lorbeerblatt spicken. Die Gräten mit kaltem Wasser in einen Topf geben, zum Kochen bringen und abschäumen. Gemüse und Gewürze hinzufügen und alles 20 Minuten köcheln lassen. Die Fischbrühe durch ein mit einem Passiertuch ausgelegtes Sieb gießen. Für eine besonders aromatische Brühe können Sie die Gräten zuvor einige Minuten in Butter andünsten.

Das Gemüse waschen, schaben oder schälen und in kleine Stücke schneiden. Das Fischfilet in mundgerechte Stücke teilen und mit Kräuteressig beträufeln. Den Kerbel oder die Petersilie waschen, trockenschleudern und die Blättchen hacken. Das Gemüse in die Fischbrühe geben, erhitzen und einige Minuten kochen lassen, sodass das Gemüse gar ist, aber noch Biss hat.

Die Butter in einem kleinen Topf erhitzen. Das Mehl zufügen und kurz durchschwitzen lassen. Unter Rühren etwas Brühe angießen, aufkochen lassen und alles zurück in die Fisch-Gemüsebrühe rühren. Den Fisch und Thymian zufügen, 8-10 Minuten bei niedriger Temperatur kochen lassen. Mit Salz und Pfeffer würzen. Die Garnelen hineingeben.

Sahne, saure Sahne und Eigelbe verrühren, in die Suppe rühren und nicht mehr kochen lassen. Mit Kräutern bestreut servieren.

Tipp: Die Fischbrühe kann im voraus zubereitet und portionsweise eingefroren werden, sodass Sie jederzeit darauf zurückgreifen können.

Pilzsuppe mit Braunkäse
Soppsuppe med brunost

200 g Pilze, Champignons
oder andere gem. Waldpilze
1 Zwiebel
100 g Käse, Brunost - karamellisierter Käse
2 Stängel glattblättrige Petersilie
2 EL Öl
40 g Butter
30 g Mehl
1 Liter Milch
Salz
frisch gem. Pfeffer

Die Pilze putzen und in Stücke schneiden. Die Zwiebel abziehen und fein hacken. Den Brunost hobeln. Die Petersilie waschen und die Blättchen hacken.

Das Öl in einem Topf erhitzen und die Butter zufügen. Die Pilze anbraten, die Zwiebel zufügen und mit Mehl bestäuben. Etwas durchschwitzen lassen und mit der Milch ablöschen. Den Käse zufügen, gut verrühren und 10 Minuten bei niedriger Temperatur und gelegentlichem Rühren kochen. Mit Salz und Pfeffer abschmecken.

Mit Petersilie bestreuen und auftragen.

Info: Das nationale Symbol für landestypischen Käse in Norwegen ist der Braunkäse Gudbrandsdalsost aus dem Gudbrandsdalen. Er wird vorrangig aus Kuhmolke, Kuhmilch, Sahne und Ziegenmilch hergestellt.
Die Milch wird aufgekocht, bis der darin enthaltene Milchzucker karamellisiert und er dadurch eine leicht süßliche und braune Farbe erhält. Noch warm und flüssig wird er abgefüllt und erst, nachdem er abgekühlt ist, erhält er seine feste Konsistenz. Die Veredlung mit diesem Nationalkäse soll übrigens per Zufall geschehen sein. Ende des 19. Jahrhunderts hat die Sennerin Anne Hov aus dem Tal Gudbrandsdal einen Rest Sahne sowie Ziegenmilch in den Molkekessel zur Käseherstellung gegossen. Der beliebte Käse war geboren.
Scheiben des Gudbrandsdalsost schneidet man nicht ab, sondern hobelt man ab. Der Käsehobel ist übrigens eine Erfindung der Norweger.

Hammelfleisch mit Kohl

Får i kål

1 kg Hammel- oder Lammfleisch, Schulter, Hals oder Keule
1 Weiß- oder Wirsingkohl, etwa 1 kg
1 Zwiebel
Salz
10 schwarze Pfefferkörner im Mullsäckchen
1 Zweig Thymian
1,2 Liter Brühe
5-6 Kartoffeln
einige Zweige glattblättrige Petersilie

Das Fleisch in große Würfel schneiden. Den Kohl waschen, vierteln und die Strünke entfernen. Die Zwiebel abziehen und hacken.

In einen großen gut verschließbaren Topf schichtweise Kohl und Fleisch mit den Gewürzen hineingeben. Die Brühe angießen und abgedeckt etwa eineinhalb Stunden bei niedriger Temperatur kochen lassen.

Inzwischen die Kartoffeln schälen, in Würfel schneiden und 30 Minuten vor Garende zufügen. Die Petersilie waschen und hacken.

Das Mullsäckchen und den Thymianzweig entfernen und das Gericht mit Petersilie bestreut auftragen.

Tipp: Kenner behaupten, dass dieses Gericht am besten nach dem Aufwärmen schmeckt.
Die Kartoffeln können auch separat gekocht und dazu gereicht werden, dann streut man zwischen die einzelnen Schichten ein wenig Mehl.

Info: Neben Fisch gehört Hammelfleisch zu den Hauptbestandteilen der altnorwegischen Küche. Seit Jahrhunderten werden Schafe und Ziegen gehalten. Sie liefern Fleisch und Milch und man ist überrascht von der Vielfalt der schmackhaften Gerichte.
Får i kål wird besonders an kalten Tagen geschätzt.

Hammelsuppe mit Fleischbällchen

Fårekjøttesuppe med kjøttkaker

Das Fleisch abspülen und mit drei Liter Wasser in einen großen Topf geben. Bei niedriger Temperatur köcheln lassen, bis das Fleisch richtig gar ist. Es sollte sich praktisch vom Knochen lösen.

Inzwischen die Mohrrüben waschen, schaben und in Stifte oder Scheiben schneiden. In 300 ml Salzwasser je nach Größe etwa 15 Minuten kochen. Sie sollten noch bissfest sein. Den Rosenkohl ebenfalls waschen, putzen und in wenig Wasser etwa 15 Minuten bissfest garen.

Die Petersilie waschen und die Blättchen hacken. Für die Fleischbällchen die Zwiebel abziehen, fein hacken und mit Hackfleisch, Eiern, Weizen- oder Kartoffelmehl und Petersilie vermischen. Mit Salz, Pfeffer, Muskatnuss und Ingwer würzen, zu kleinen runden Bällchen formen.

Das gekochte Fleisch aus der Brühe nehmen, in mundgerechte Stücke schneiden und warm halten. Die Brühe durch ein feinmaschiges Sieb zurück in den Topf gießen. Nach dem Aufkochen die Fleischbällchen vorsichtig hineingeben und je nach Größe etwa acht Minuten mehr ziehen lassen als kochen. Das Fleisch, die Mohrrüben, den Rosenkohl – alles in den großen Topf zu den Fleischbällchen geben, kurz erhitzen, abschmecken und auftragen.

Tipp: Dieser Fleischtopf ist besonders in der Region Trøndelag beliebt und hat sich möglicherweise von da auch in andere Regionen Norwegens ausgebreitet. Sodd bedeutet „köcheln"! Das Fleisch soll zart sein, und das wird durch langes, langsames Köcheln erreicht. Das Gemüse sollte extra gegart werden und noch einen leichten „Biss" haben. Hin und wieder werden Pellkartoffeln und in einigen Haushalten auch Knäckebrot dazu gereicht.

Für 4-6 Portionen:

1,2 kg Hammel- oder Lammfleisch, vorzugsweise Nacken oder Schulter
400 g Mohrrüben
Salz
400 g Rosenkohl
2 Stängel glattblättrige Petersilie
1 kl. Zwiebel
350 g Hackfleisch vom Lamm
2 kl. Eier
1 EL Weizenmehl oder Kartoffelmehl
frisch gem. Pfeffer
abgeriebene Muskatnuss
1 TL gem. Ingwerpulver

Rentiereintopf

Bidos

800 g Rentierfleisch
einige Wildkräuter
Salz
600 g Kartoffeln
1 Zwiebel
60 g Butter
50 g Mehl
1 Liter Wildbrühe
frisch gem. Pfeffer
½ TL getrockneter Thymian

Das Fleisch abspülen, trockentupfen und in Streifen oder Würfel schneiden. Die Wildkräuter waschen und nach Belieben kleinschneiden. 700 ml Wasser zum Kochen bringen, salzen, Wildkräuter zufügen und das Fleisch hineingeben. Abgedeckt bei mittlerer Temperatur 30-40 Minuten kochen, je nach Größe der Fleischstücke.

Inzwischen die Kartoffeln waschen, schälen und würfeln. Die Zwiebel abziehen und hacken.

In einem Topf die Butter zerlassen, das Mehl einrühren, durchschwitzen lassen und die Brühe nach und nach unter Rühren angießen. Die Kartoffeln und Zwiebel zufügen und so lange kochen, bis die Kartoffeln gar sind. Nun die Fleischstücke samt Brühe zugeben und alles mit Salz, Pfeffer und Thymian würzen.

Tipp: Zu diesem Gericht gibt es Preiselbeeren und Brot. Alternativ können Sie Rentier durch Reh, Hirsch oder auch Wildschwein ersetzen.

Info: Dieses alte Gericht stammt aus der Finnmark, dem nördlichen Verwaltungsbezirk Norwegens. Besonders beliebt ist es bei den Sami, die im Norden Norwegens mit und von ihren Rentierherden leben. Als Vorspeise empfiehlt sich eine klare Rentierbrühe mit Pilzen und Kräutern als Einlage.

Kartoffelsuppe mit Algen

Potetsuppe med alge

6 g getrocknete Algen
800 g Kartoffeln
1 Stange Lauch
1 Liter Brühe, vorzugsweise aus Gemüse
100 ml Sahne
Salz
frisch gem. Pfeffer
2 EL Öl
30 g Butter
125 g geräucherter Lachs

Die Algen mit Wasser übergießen. Nach 15-20 Minuten das Wasser abschütten und erneut übergießen, wieder 20 Minuten einweichen, dann herausnehmen und auf Küchenpapier trockentupfen. Die Algen etwas kleinschneiden.

Die Kartoffeln schälen und würfeln. Den Lauch gründlich waschen und in Ringe schneiden. Einige Lauchringe beiseitelegen.

Die Kartoffeln und den Lauch in einen Topf geben. Die Brühe angießen und etwa 20 Minuten kochen lassen. Mit einem Stabmixer pürieren. Mit der Sahne verfeinern, mit Salz und Pfeffer vorsichtig abschmecken und warm halten.

Öl und Butter in einer Pfanne erhitzen. Den beiseitegelegten Lauch und die Algen darin leicht braten.

Die Suppe auf vier Tellern verteilen. Lauchstreifen, Algen und den kleingezupften Lachs mittig daraufgeben.

Kartoffelsuppe mit Lachs
Potetsuppe med laks

800 g Kartoffeln
1 Zwiebel
1 Stange Lauch
1 Stück Sellerieknolle
1 kl. Mohrrübe
1 EL Öl
35 g Butter
1 Lit Gemüsebrühe
Salz
frisch gem. Pfeffer
2-3 Stängel Petersilie
200 g Lachsfilet
200 ml Sahne

Die Kartoffeln waschen, schälen und würfeln. Die Zwiebel abziehen und hacken. Den Lauch längs aufschneiden, gründlich waschen und in dünne Ringe schneiden. Den Sellerie waschen, putzen und würfeln. Die Mohrrübe schaben und in Scheiben schneiden.

In einem Topf das Öl erhitzen und die Butter zufügen. Die Kartoffeln, die Zwiebel und den Lauch, die Sellerieknolle und die Mohrrübe darin leicht anbraten. Mit der Gemüsebrühe ablöschen, mit Salz und Pfeffer würzen. Die Petersilie waschen, die Blättchen hacken und die Stiele mit in die Suppe geben. Etwa 20 Minuten kochen lassen. Inzwischen den Lachs in Stücke schneiden.

Die Suppe pürieren, den Lachs und die Sahne zufügen, einige Minuten köcheln lassen, abschmecken und auf vorgewärmten Tellern servieren. Jeweils etwas Petersilie darauf verteilen.

Tipp: Den Lachs können Sie durch geräuchertes Fjordforellenfilet oder Garnelen ersetzen. Zu den Garnelen würde dann besser frischer Dill passen!

Pastinaken-Apfelsuppe
Pastinakk-Eplesuppe

200 g Pastinaken
200 g Äpfel
200 g Kartoffeln
100 g Zwiebel
100 g Pilze
1 ½ EL Öl
20 g Butter
1 Liter Gemüsebrühe
Salz

Die Pastinaken waschen, schaben und kleinschneiden. Die Äpfel und die Kartoffeln schälen und würfeln. Die Zwiebel abziehen und hacken. Die Pilze putzen und in Stücke schneiden.

Das Öl in einem weiten Topf erhitzen. Die Butter zufügen. Pastinaken und Äpfel darin andünsten. Nach einigen Minuten die Zwiebeln zufügen, dann die Pilze und Kartoffeln in den Topf geben. Die Gemüsebrühe angießen, gut durchrühren und salzen. Abgedeckt etwa 20 Minuten bei geringer Hitze kochen lassen und auftragen.

Tipp: Eigentlich schmeckt die Suppe ohne weitere Gewürze. Sie können jedoch ein oder zwei Messerspitzen Kreuzkümmel oder Kurkuma zufügen und wenn Sie mögen, einen Schuss süße oder noch besser saure Sahne unterrühren, da die Pastinake süßlich ist. Gut sieht es aus, wenn die Sahne spiralförmig auf der Suppe verteilt wird.
Die Pastinake erlebt vor allem als Ökogemüse eine wahre Renaissance. Sie ist leicht verdaulich und damit auch für Allergiker und Babys gut geeignet.

Fisch und Meeresfrüchte

Muscheln in Bier
Blåskjell i øl

Für 2 Portionen:

1 kg Miesmuscheln
1 kl. Zwiebel
½ kl. Lauchstange
1 kl. Mohrrübe
1 kl. Pastinake
3-4 Stängel glattblättrige Petersilie
1 kl. Zweig Thymian
2 EL Öl
20 g Butter
1 Lorbeerblatt
200 ml Bier, vorzugsweise Pilsener

Die Muscheln gründlich waschen. Bereits geöffnete Muscheln wegwerfen. Die Zwiebel abziehen und fein hacken. Den Lauch waschen und in sehr dünne Scheiben schneiden. Die Mohrrübe und die Pastinake schaben und kleinschneiden. Die Kräuter waschen, die Petersilie hacken, einige Blättchen für die Garnitur zurückbehalten.

Das Öl in einem Topf erhitzen und die Butter zufügen. Die Zwiebel, den Lauch, die Mohrrübe und die Pastinake darin andünsten. Die Muscheln zufügen und das Bier sowie 100 ml Wasser angießen. Den Thymianzweig, das Lorbeerblatt und die Hälfte der Petersilie hineingeben, den Topf abdecken. Zwischendurch einmal durchschütteln und 5-6 Minuten bei starker Temperatur kochen lassen.

Muscheln, die sich nicht geöffnet haben, aussortieren. Zum Auftragen mit der restlichen Petersilie garnieren und Brot dazu servieren!

Tipp: Frische Muscheln sollten beim Kauf nach Seewasser riechen!

Info: Wir haben für unser Muschelgericht ein leichtes Pilsener von der Mack Brauerei in Tromsø gewählt, die 1877 von Ludwig Markus Mack, einem Bäcker aus Braunschweig, gegründet wurde. Er beherrschte die Herstellung, da er selbst aus einer Brauereifamilie stammte. Auch wenn wir in Deutschland kein Fjellwasser zur Verfügung haben – das Bier unserer hiesigen Brauereien mit dem Deutschen Reinheitsgebiet sollte für das Gericht ebenfalls geeignet sein.

Heringsgratin
Sildegrateng

300 g Kartoffeln, festkochend
2 kleine Zwiebeln
½ Bd. Dill
1 gr. Apfel
1 EL Zitronensaft
200 ml Sahne
150 ml saure Sahne
1 Ei
Salz
frisch gem. weißer Pfeffer
8 halbe Heringsfilets

Butter für die Förmchen

Die Kartoffeln waschen und in der Schale etwa 30 Minuten kochen, dann pellen und in Scheiben schneiden.

Inzwischen eine Auflaufform oder noch besser Portionsförmchen mit Butter ausstreichen. Den Backofen auf 180 °C Ober- und Unterhitze vorheizen.

Die Zwiebeln abziehen und in dünne Halbringe schneiden. Den Dill waschen und hacken. Den Apfel waschen, vom Kerngehäuse befreien und in dünne Scheiben schneiden. Sofort mit dem Zitronensaft beträufeln, um ein Verfärben zu verhindern. Die Sahne mit der sauren Sahne verrühren. Das Ei aufschlagen, verquirlen und zufügen. Mit wenig Salz und Pfeffer würzen.

Die Kartoffeln, die Heringsfilets, den Apfel und die Zwiebeln in die Form schichten und mit der Sahnemischung begießen. Im Backofen mittlere Schiene etwa 30 Minuten backen.

Info: Der Hering ist ein Schwarmfisch und kann bis zu 40 cm lang werden. Mit einem hohen Eiweißgehalt und einer guten Fettsäurezusammensetzung ist er ein besonders gesundes Lebensmittel. Er war schon immer ein Produkt der Begierde. Kein anderer Fisch hatte je eine so große Bedeutung. Schon im Mittelalter bewahrte er die Menschen vor Hungersnöten. Seinetwegen wurden sogar Kriege geführt.

Fischpudding mit Krabbensauce
Fiskepudding med Krabbesaus

Eine Puddingform ausbuttern, mit Paniermehl bestreuen und kurz in den Kühlschrank stellen.

Die Fische grob zerkleinern. Die Butter in einen kleinen Topf geben und zerlaufen lassen. Den Dill waschen und hacken. Die Fische mit der Sahne und dem Ei im elektrischen Mixer zerkleinern. Die Butter, das Kartoffelmehl und den Dill zugeben. Mit Salz, Pfeffer und Worcestershiresauce würzen.

Den Backofen auf 175 °C vorheizen. Die Fischmasse in die Puddingform füllen und die Form in eine zu einem Drittel mit Wasser gefüllte feuerfeste Schüssel oder ein tiefes Blech stellen. Mit Alufolie abdecken und im Backofen etwa 75-80 Minuten garen. Das Wasser darf nur sieden, auf keinen Fall kochen.

Inzwischen die Krabbensauce herstellen. Dazu die Butter in einem Topf erhitzen. Das Mehl einstreuen, kurz durchschwitzen lassen und nach und nach mit Milch und Sahne ablöschen. Mit Salz und Pfeffer würzen. Etwa acht Minuten köcheln lassen. Die Krabben zufügen, mit Zitronensaft und Wein abschmecken. Zum Schluss den Dill waschen, hacken und die Hälfte kurz vor dem Servieren unterrühren.

Die Garprobe beim Fischpudding mit einem Spieß oder Hölzchen vornehmen. Wenn nichts haften bleibt, ist der Fischpudding gar. Vor dem Stürzen einige Minuten stehen lassen. Mit Dillzweigen garnieren und der Krabbensauce übergießen.

Tipp: Norweger sind sehr kreativ. Für dieses Gericht können Sie auch andere Fischsorten verwenden. Wenn Sie etwas geräucherten Fisch hinzugeben, haben Sie wiederum ein neues Geschmackserlebnis.

1 kg Fischfilet wie Kabeljau, Hecht, Schellfisch
3 Stängel Dill
125 ml Sahne
1 Ei
50 g Butter
30 g Kartoffelmehl
Salz
frisch gem. Pfeffer
einige Tropfen Worcestershiresauce

Für die Krabbensauce:
40 g Butter
20 g Mehl
200 ml Milch
100 ml Sahne
Salz
frisch gem. Pfeffer
200-250 g gekochte und geschälte Krabben oder Garnelen
2 TL Zitronensaft
100 ml trockener Weißwein
einige Stängel frischer Dill

Butter und Paniermehl für die Form

Lachs mit Senf-Dillsauce

Laks med sennepsdill-saus

1 kleiner, küchenfertiger Lachs, etwa 1,5 kg
2-3 Bd. Dill, je nach Größe
125 ml trockener Weißwein
Salz

Für die Sauce:
40 g Butter
30 g Mehl
300 ml Milch
200 ml Fischbrühe
Salz
frisch gem. weißer Pfeffer
1 TL Senf

Butter für den Fischkocher

Den Lachs waschen und bereitstellen. Den Dill waschen und hacken. Die groben Stiele und die Hälfte des Dills in den unteren Teil des Fischkochers geben. 125 ml Wasser sowie den Wein angießen und salzen. Den Einsatz mit Butter ausstreichen und den Lachs darauflegen. Abgedeckt garziehen lassen. Das dauert je nach Größe des Lachses 35-40 Minuten.

Inzwischen die Sauce herstellen. Dazu die Butter zerlassen und das Mehl einschütten, durchschwitzen lassen und mit der kalten Milch und der durchgeseihten Fischbrühe ablöschen. 8-10 Minuten bei niedriger Temperatur kochen lassen. Mit Salz, Pfeffer und Senf abschmecken. Den Dill erst zum Schluss unterrühren.

Tipp: Dazu sind kleine Salz- oder Pellkartoffeln die richtige Ergänzung. Ein frischer Salat mit Gurken passt immer!

Info: Dieses einfache, jedoch sehr schmackhafte Gericht ist bei den wiederkehrenden Festen des Jahres ein obligatorischer Bestandteil. Ob der Lachs nun selbst frisch gefangen oder aus den Zuchtanlagen gekommen ist – die Norweger lieben ihn und wir auch!

Überbackener Kabeljau
Torskgratin

800 g Kabeljaufilet
½ Zitrone
Salz
1 gr. Zwiebel
120 g Knollensellerie
250 g Mohrrüben
1 Lauchstange
3-4 Stängel glattblättrige Petersilie
80 g Butter
125 ml Brühe, Gemüse- oder Fischbrühe
125 ml Sahne
frisch gem. Pfeffer
2 EL Semmelbrösel
40 g geriebener Käse

Das Kabeljaufilet unter fließendem Wasser waschen, trockentupfen, mit Zitronensaft beträufeln und salzen. Die Zwiebel abziehen und hacken. Das Gemüse waschen, schälen und in Stücke schneiden bzw. die Lauchstange in dünne Ringe. Die Petersilie waschen, trockenschleudern und die Blättchen hacken.

Die Hälfte der Butter in einer Pfanne zerlassen und das Gemüse darin andünsten. Die Brühe und Sahne angießen und zehn Minuten bei niedriger Temperatur köcheln lassen. Mit Salz und Pfeffer würzen und die Hälfte der Petersilie zufügen.

Den Backofen auf 180 °C vorheizen. Das Gemüse in eine Auflaufform geben, den Fisch darauflegen und mit der restlichen Petersilie bestreuen. Das Semmelmehl und den geriebenen Käse darüberstreuen. Die restliche Butter als Flöckchen darauf verteilen.

Im Backofen mittlerer Schiene etwa 30 Minuten garen.

Info: Seit Jahrtausenden gehört Fisch mit zu den Hauptnahrungsmitteln der Norweger. Der Fischreichtum seines angrenzenden Meeres, so die Überlieferung, war in Vorzeiten so groß, dass man für einen fetten Fang nur mit der Hand in das Wasser hineinzugreifen brauchte. Aber auch heute ist Fisch noch reichlich vorhanden. Einer der wichtigsten Fische für Norwegen war schon immer der Kabeljau. Sein festes, weißes Fleisch wird sehr geschätzt und in vielerlei Variationen zubereitet.

Würzige Kartoffeln mit Garnelen

Krydret poteter med reker

Den Backofen auf 210 °C Ober- und Unterhitze vorheizen. Die Kartoffeln waschen, gründlich bürsten und mit Wasser bedeckt in einen Topf geben. Nach dem Aufkochen salzen und sechs Minuten kochen lassen. Das Wasser abgießen. Die Kartoffeln auf einem Backblech verteilen und mit Olivenöl benetzen, salzen und wenden, sodass die Kartoffeln überall mit Öl benetzt sind. Mit Thymian bestreuen. Im Backofen etwa 35 Minuten garen.

Inzwischen den Dip herstellen. Die Mayonnaise, den Joghurt und das Mango-Chutney verrühren, die Garnelen zufügen. Mit Salz, Pfeffer und Kurkuma abschmecken.

Den Dip mit den Kartoffeln servieren!

Tipp: Die Garnelenschalen nicht direkt entsorgen. Daraus können Sie eine feine Brühe herstellen, indem Sie die Schalen mit Lorbeerblatt, Zwiebel und Kräutersalz bei niedriger Temperatur etwa 20 Minuten kochen lassen. Anschließend passieren und einfrieren oder mit gehackten frischen Kräutern als Grundlage für eine Fischsauce oder Fischsuppe verwenden.

800 g möglichst kleine neue Kartoffeln
Meersalz
3 EL Olivenöl
1 TL getrockneter, wilder Thymian

Für den Dip:
100 g Mayonnaise
100 g Joghurt
50-60 g Mango Chutney
250-300 g gekochte, gepulte Garnelen
frisch gem. Pfeffer
1 Msp. Kurkumapulver

Gekochter Kabeljau mit Senfsauce

Kokt torsk med sennepsaus

Den Kabeljau abspülen und mit dem Zitronensaft beträufeln. 350ml Wasser mit dem Salz, dem Lorbeerblatt und den Pfefferkörnern zum Kochen bringen. Der Fisch hineinlegen. Je nach Größe 10-12 Minuten bei niedriger Temperatur mehr ziehen als kochen lassen. Den Kabeljau vorsichtig mit einer Schaumkelle herausnehmen und warm stellen. Die Fischbrühe bereitstellen.

Für die Sauce die Butter zerlaufen lassen, das Mehl einrühren und kurz durchschwitzen lassen. Den Senf zufügen und mit der Fischbrühe ablöschen, etwas einkochen lassen, die Sahne zufügen und würzen.

Zum Auftragen den Fisch auf eine vorgewärmte Platte geben, mit Zitronenscheiben und Dill garnieren. Die Sauce gesondert dazu reichen.

Tipp: Hierzu passen Petersilienkartoffeln und Gurkensalat.
Anstelle des mittelscharfen Senfs einen Honigsenf verwenden, dann fällt die Messerspitze Zucker weg. Noch geschmackvoller wird das Gericht, wenn Sie einige ausgepuhlte Garnelen in die Sauce geben.

Info: Wird von Norwegens Fischerei gesprochen, denkt man unwillkürlich an die Lofoten. Von Januar bis April laufen hier Tausende von Boote zum Fang von Kabeljau aus. Der Jungfisch oder Dorsch, torsk, wird besonders gern gegessen, weil er vorzüglich schmeckt, kalorienarm und sehr eiweißreich ist.

1 kg Kabeljau
2 EL Zitronensaft
Salz
1 Lorbeerblatt
4 Pfefferkörner

Für die Sauce:
30 g Butter
20 g Mehl
3 TL mittelscharfer Senf
200 ml Sahne
frisch gem. Pfeffer
1 Msp. Zucker

1 Zitrone
2-3 Zweige Dill

Makrelen
Makrell

4 Makrelen, je 500-600 g
1 Zitrone
Salz

Für die Sauce:
1 gr. Zwiebel
1 Stück frischer Ingwer, etwa 2 cm
1 gr. Apfel
50 g Butter
40 g Mehl
350 ml Geflügelbrühe
125 ml Sahne
1 TL Currypulver
1/2 TL Thymian
1 EL Mango Chutney

Die Makrelen ausnehmen, waschen, mit der Hälfte des Zitronensaftes beträufeln und salzen. Im Dampfaufsatz 15-20 Minuten garen.

Inzwischen die Sauce herstellen. Die Zwiebeln abziehen und hacken. Den Ingwer schälen und fein hacken. Den Apfel waschen, raspeln und sofort mit dem restlichen Zitronensaft beträufeln.

Die Butter in einem Topf erhitzen und die Zwiebel darin glasig dünsten. Den Apfel zugeben und einige Minuten weiterdünsten. Mit Mehl bestäuben und durchschwitzen lassen. Mit der Geflügelbrühe und der Sahne ablöschen: Bei niedriger Temperatur 8-10 Minuten köcheln lassen. Mit Currypulver, Thymian und Mango Chutney gut abschmecken.

Dazu passen Kartoffelpüree oder Kartoffelstampf.

Info: Neben Hering, Kabeljau und Lachs spielt die schlanke Makrele auf dem norwegischen Speisezettel eine wichtige Rolle. Wegen ihres saftigen, aromatischen Fleisches eignet sie sich auch gut zum Grillen. Es gibt sie aber auch gedämpft, gebraten oder geräuchert. Makrelen sind nicht nur wegen ihres guten Geschmacks so beliebt, sondern auch, weil sie so vielfältig zu verwenden sind.

Mariniertes Fjordforellenfilet
Marinert fjordørretfilet

1,4-1,5 kg Fjordforelle,
vorzugsweise das Mittelstück
2 EL grobkörniges Meersalz
1 TL weiße Pfefferkörner
je ½ TL Piment- und
Korianderkörner
25 g Zucker
2 Bd. frischer Dill
4-5 Wacholderbeeren
1/2 Apfelsine
1 Zitrone

Die Fjordforelle der Länge nach in zwei Hälften schneiden. Das Rückgrat und alle Gräten entfernen. Das Salz, die grobgehackten Pfefferkörner, die Piment- und Korianderkörner und den Zucker vermischen. Einen Dillzweig zurückbehalten. Den restlichen Dill waschen, trockenschleudern und hacken.

Die eine Lachshälfte mit der Hautseite nach unten in eine tiefe Schale legen. Mit der Salz-Körner-Zuckermischung bestreuen, die Wacholderbeeren zufügen und mit dem Dill bedecken. Die zweite Fischhälfte, Hautseite nach oben, darauflegen. Mit Aluminiumfolie abdecken, ein Holzbrett darüberlegen und mit Gewichten beschweren. Für 2-3 Tage in den Kühlschrank stellen. Dabei mehrmals wenden und mit der sich bildenden Flüssigkeit bestreichen, auch die Innenseiten. Am letzten Tag den Saft der Apfelsine zufügen und wieder gut abdecken.

Zum Servieren die Gewürze entfernen. Den Lachs trockentupfen, schräg zur Faser in dünne Scheiben schneiden und die Haut abziehen.

Auf einer Platte mit Dillzweig und Zitronenscheiben garniert anrichten.
Mit Vollkorn- oder Schwarzbrot, Butter und einer Senfsauce servieren oder mit Dillkartoffeln und Gurkensalat reichen!

Tipp: Zur Arbeitserleichterung können Sie auch direkt eine oder zwei schöne Fjordforellenhälften als Filet kaufen. Reste des Fisches können Sie mit kleingewürfelten Gurken und einer leichten Mayonnaise mischen und auf Brottalern anrichten.

Skrei auf Kartoffel-Rote-Bete-Püree mit Dillbutter

Skrei med potato-rødbet-puré og dillsmør

Zuerst die Dillbutter herstellen. Dafür die Butter frühzeitig aus dem Kühlschrank nehmen. Den Dill waschen und trockenschleudern. Die Zitrone waschen, etwas Schale abreiben, den Rest der Zitrone in Spalten schneiden. Die Butter mit Dill, Zitronenschale, einigen Tropfen Zitronensaft und Meersalz pürieren. In Klarsichtfolie wickeln und kühl stellen.

Die geschälten Kartoffeln in möglichst wenig Wasser kochen. Das Meersalz erst nach dem Aufkochen zufügen. Die gekochten Kartoffeln durch die Presse drücken. Die Milch aufkochen und unter das Püree rühren. Die Butter zufügen.

Die Rote Bete mit der sauren Sahne pürieren, mit Salz, wenig Pfeffer und Muskatnuss würzen. Mit dem Kartoffelpüree vermischen, abschmecken und warmhalten.

Den Skrei, eine spezielle Art des Kabeljau, abspülen, portionieren und mit wenig Zitronensaft beträufeln. Das Öl in einer Pfanne erhitzen und die Butter zufügen. Den Skrei trockentupfen und zuerst die Hautseite anbraten, dann wenden und einige Minuten weiterbraten. Abgedeckt warm halten, er gart noch ein wenig in der heißen Pfanne nach. Mit der Dillbutter krönen. Kartoffel-Rote-Bete-Püree dekorativ mit dem Skrei auftragen. Mit den Sprossen, den Zitronenspalten und dem Dill garnieren.

Info: „Das Gold der Lofoten", so wird der Skrei genannt. Er schwimmt im Januar aus der eisigen Barentssee zum Laichen zu den wärmeren Lofoten und kehrt im April wieder dorthin zurück. Auf diese Delikatesse warten nicht nur die Fischer, die sich dort alljährlich für den Fang treffen, sondern Feinschmecker in ganz Europa. Glücklicherweise haben die Norweger besondere Schutzmaßnahmen, sodass der Bestand gewahrt bleibt.

800 g Kartoffeln, vorzugsweise mehlig kochende
Meersalz
etwa 200 ml Milch
30 g Butter
400 g Rote Bete, fr. gekocht oder gegart und vakuumverpackt
100 g saure Sahne
frisch gem. weißer Pfeffer
abgeriebene Muskatnuss

Für den Skrei:
800 g Skrei
1 EL Zitronensaft
2-3 EL Öl
30 g Butter
Rote Bete Sprossen
Alfalfa Sprossen
frischer Dill

Für die Dillbutter:
100 g Butter
2-3 Stängel Dill
1 unbehandelte Zitrone
Meersalz

Spieße mit Lachs und Garnelen
Spyd med laks og reke

400 g Lachsfilet ohne Haut
12 große küchenfertige Garnelen
2 Limetten, Bio-Qualität
1-2 kleine Stängel Thymian
50 ml Öl, vorzugsweise Olivenöl
8 frische kleine Lorbeerblätter
Meersalz
frisch gem. Pfeffer

Für den Dip:
100 g Mango Chutney
50 g saure Sahne
100 g Joghurt, natur

4 Spieße sowie
Öl zum Bestreichen des Grillguts

Das Lachsfilet und die Garnelen abspülen und trockentupfen. Den Lachs in große Würfel schneiden und mit den Garnelen in eine Schale legen. Die Limetten waschen. Von einer Limette etwas Schale abreiben und den Saft auspressen. Die zweite Limette in Spalten schneiden und bereitlegen. Den Thymian waschen und hacken, zusammen mit dem Limettensaft und dem Öl über den Lachs und die Garnelen geben. Etwa eine Stunde gekühlt durchziehen lassen.

Inzwischen den Dip zubereiten. Dafür das Mango Chutney mit der sauren Sahne und dem Joghurt verrühren und ebenfalls kalt stellen.

Den Backofengrill vorheizen. Lachswürfel, Garnelen und Lorbeerblätter abwechselnd auf Spieße stecken und auf ein mit Folie ausgekleidetes Backblech legen. Mit Öl bestreichen. Nach einigen Minuten drehen und mit der Marinade bestreichen.

Mit Salz und Pfeffer würzen, die Limettenscheiben dazulegen und mit dem Dip servieren!

Tipp: Dazu mundet ein guter Wein und leckeres Brot!

Info: Für dieses Gericht eignet sich besonders das Wikinger Rauchsalz. Diese Tradition, Meersalz zu räuchern, geht auf die Wikinger zurück. Meerwasser wurde auf brennendes Holz gegossen, der Wasseranteil verdampfte und das Salz haftete an den verkohlten Holzscheiten. Das Salz wurde vom Holz abgekratzt und konnte dann verwendet werden.

Bacalao portugiesische Art

Stekt bacalao på portugisik vis

700-800 g Kartoffeln
3 Paprikaschoten, rot, gelb, grün
3 Tomaten, frisch
ersatzweise Dose (gestückelt)
4 Knoblauchzehen
700-800 g gewässerter Klippfisch
2 Stängel frischer Oregano,
ersatzweise 1 TL getrockneter
1 Lorbeerblatt
Salz
frisch gem. Pfeffer
80 ml Olivenöl

Olivenöl für die Form

Die Kartoffeln waschen, in der Schale kochen, pellen und in dünne Scheiben schneiden. Inzwischen die Paprikaschoten und die Tomaten waschen. Die Paprika halbieren, von Kernen und Zwischenwänden befreien und in Halbringe schneiden. Die Tomaten in Scheiben schneiden. Den Knoblauch abziehen und hacken. Den Fisch von Haut und Gräten befreien und in Portionsstücke teilen. Den Oregano waschen, trockenschleudern und die Blättchen hacken.

Den Backofen auf 180 °C Ober- und Unterhitze vorheizen. Eine Auflaufform mit Öl ausstreichen. Alle Zutaten hineinschichten, den Oregano darüberstreuen, das Lorbeerblatt zufügen. Mit Salz und Pfeffer würzen und mit dem Öl übergießen.

Im Backofen, mittlere Schiene etwa 25 Minuten garen.

Tipp: Sie können auch das Begießen mit Olivenöl durch eine helle Grundsauce, der ein Ei zugefügt wird, ersetzen.

Info: Klippfischgerichte haben in Norwegen im Gegensatz zu Stockfischgerichten keine Tradition. Aus diesem Grund haben sich die beliebten Gerichte aus dem Mittelmeerraum, allen voran Spanien und Portugal, in Norwegen durchgesetzt. Klippfisch muss etwa 2-3 Tage in kaltem Wasser gewässert und das Wasser öfter gewechselt werden. Nach der Wässerung haben Sie anstelle von 1 Kilo Klippfisch etwa 2 Kilo Fisch zur Verfügung. Noch vorhandene Gräten und die Haut lassen sich nach dem Wässern am besten entfernen.
Häufig bieten Händler den Fisch schon gewässert an.

Gebratene Heringe

Stekte sild

Zunächst den Dip herstellen. Dazu die Petersilie waschen, trockenschütteln und hacken, einige Stängel für die Garnitur zurückbehalten. Die Eier hart kochen, abschrecken, pellen und hacken. Die Petersilie und die saure Sahne sowie den Senf zufügen. Die Kapern unterrühren. Mit Kräutersalz und Pfeffer würzen. Abgedeckt durchziehen lassen.

Die Heringe abspülen, trockentupfen, mit Zitronensaft beträufeln und in Mehl wenden. Das Öl in einer großen Pfanne erhitzen. Die Butter zufügen. Die Heringe beidseitig je etwa vier Minuten braten. Auf Tellern anrichten, evtl. mit etwas Bratfett beträufeln und mit Petersilie garnieren. Den Dip dazu servieren.

Tipp: Dazu passen Pellkartoffeln oder ein kräftiges Landbrot.

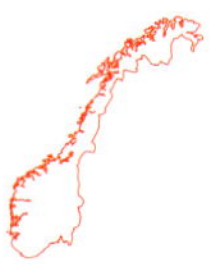

Info: Frische Heringe werden auch als Grüne Heringe bezeichnet. Da sie silbrig glänzen, kennt man sie auch als „Silber des Meeres". Sie kommen in Schwärmen vor allem im Nordatlantik von Norwegen bis Grönland vor, aber auch in der Nord- und Ostsee. Zwischen Juli und Dezember sind sie bei uns im Handel. Beim Kauf sollte man auf das MSC-Siegel achten. Sein festes Fleisch hat einen kräftigen Geschmack. Gern werden sie auch gegrillt und mit einem vorbereiteten Kartoffelsalat verspeist.

4 Heringe, küchenfertig
½ Zitrone
etwa 25 g Mehl
2 EL Öl
20 g Butter

Für den Dip:
1 Bd. glattblättrige oder krause Petersilie
2 Eier
100 g saure Sahne
2 TL Senf, mittelscharf
2 TL Kapern aus dem Glas
Kräutersalz
frisch gem. Pfeffer

Meeresfrüchte-Lasagne
Sjømat lasagne

Für die Muscheln:
750 g Muscheln
1 Zwiebel
1 Stück Lauch, etwa 60 g
1 Mohrrübe, etwa 80 g
20 g Butter
100 ml Weißwein, trocken oder feinherb
1 Lorbeerblatt
Salz
frisch gem. Pfeffer

400 g Lachsfilet

Für die Sauce:
40 g Butter
40 g Mehl
400 ml Milch
175 ml Muschelbrühe

10 g Butter für die Form
6-8 Lasagne-Teigblätter, Fertigprodukt

Die Muscheln gründlich waschen und bürsten. Muscheln, die geöffnet sind, wegwerfen. Die Zwiebel abziehen und würfeln. Den Lauch längs aufschneiden, gründlich waschen und in Halbringe schneiden. Die Mohrrübe schaben und kleinschneiden.

In einem großen Topf die Butter zerlassen. Das Gemüse kurz andünsten. Die Muscheln zufügen, den Wein und 100 ml Wasser angießen. Das Lorbeerblatt zugeben, salzen und pfeffern. Abgedeckt etwa 8 Minuten kochen lassen. Den Topf ein- bis zweimal rütteln. Die Muscheln in eine Schüssel geben und aus den Schalen lösen. Muscheln, die sich jetzt nicht geöffnet haben, wegwerfen. Die Brühe durch ein Sieb gießen und bereitstellen, ebenso die Gemüsestücke. Das Lachsfilet in kleine Würfel schneiden.

Die Butter in einem Topf zerlassen. Das Mehl einstreuen und durchschwitzen lassen. Mit der Milch und 175 ml Muschelbrühe nach und nach ablöschen. Dabei immer rühren, damit sich keine Klümpchen bilden. Bei niedriger Temperatur etwa 8 Minuten kochen lassen.

Den Backofen auf 200 °C Ober- und Unterhitze vorheizen.
Eine rechteckige oder quadratische Auflaufform leicht mit Butter ausstreichen. Darauf etwas Sauce verteilen und zwei Lasagne-Teigblätter darüberlegen. Wieder eine Schicht Sauce sowie Lachs, Muscheln und Gemüse. Wechselweise Teigblätter, Sauce, Lachs und Muscheln. Mit Sauce abschließen. Im Backofen mittlere Schiene etwa 40 Minuten backen.

Hauptgerichte mit Fleisch, Geflügel und Wild

Hirschsteaks mit Gemüse
Viltbiff med grønnsaker

4 Hirschsteaks
6-8 EL Öl
1 TL getr. Thymian
200 g Waldpilze
1 gr. Zwiebel
2 Mohrrüben
½ Steckrübe, etwa 300 g
1 Petersilienwurzel
1 Stück Sellerie, etwa 60 g
1 Lauchstange
2 Lorbeerblätter
1 Stängel frischer Thymian
50 g Butter
Rauchsalz
frisch gem. schwarzer Pfeffer

1 EL Öl für das Blech

Die Hirschsteaks möglichst eine Stunde vorher in Öl einlegen, mit Thymian bestreuen und abgedeckt ruhen lassen.

Die Pilze putzen und in Scheiben oder Stücke schneiden. Die Zwiebel abziehen, halbieren und in dünne Halbringe schneiden. Die Mohrrüben, die Steckrübe, die Petersilienwurzel, den Sellerie putzen, waschen und würfeln. Den Lauch der Länge nach aufschneiden, gut reinigen und in Scheiben schneiden.

Den Backofen auf 190-195 °C vorheizen. Das Backblech mit Öl einstreichen.

Die Hirschsteaks auf das Blech geben und die Pilze sowie das Gemüse darum verteilen. Die Lorbeerblätter und den Thymian zufügen. Mit Butterflöckchen belegen. Im Backofen, mittlere Schiene, etwa 35 Minuten garen. Mit Rauchsalz und Pfeffer würzen und servieren.

Tipp: Passende Beilage sind Kartoffelpüree oder Salzkartoffeln.

Elchbraten
Elgstek

1 kg Elchfleisch aus der Keule
1 gr. Zwiebel
1 Mohrrübe
1 Stück Sellerieknolle, etwa 100 g
200 g durchwachsener Speck
3-4 EL Öl
500 g Pfifferlinge
100 ml Sahne
Salz
frisch gem. Pfeffer
½ TL. Worcestershiresauce, nach Belieben

Für die Marinade:
½ Liter Rotwein
3 EL Öl
5 Wacholderbeeren
3 Pimentkörner, leicht zerdrückt
2 - 3 schwarze Pfefferkörner, leicht zerdrückt
1 Lorbeerblatt
Salz

Alle Zutaten für die Marinade in eine große Schüssel geben und den Elchbraten hineingeben. An einem kühlen Ort über Nacht abgedeckt stehen lassen.

Am nächsten Tag die Zwiebel abziehen. Die Mohrrübe und die Sellerieknolle waschen, schaben oder schälen und in kleine Stücke schneiden. Den durchwachsenen Speck würfeln. Die Elchkeule aus der Marinade nehmen und trockentupfen. Die Marinade etwas einkochen lassen.

Den Backofen auf 190 °C Ober- und Unterhitze vorheizen.
Das Öl in einem Bräter erhitzen. Die Elchkeule in dem Öl anbraten. Den Speck und die Gemüse zufügen, kurz durchschmoren lassen und mit der eingekochten Marinade begießen. Im Backofen etwa zwei Stunden garen.

Inzwischen die Pfifferlinge putzen und 20 Minuten vor Ende der Garzeit zugeben. Die Sahne angießen, mit Salz und Pfeffer abschmecken. Nach Belieben mit Worcestershiresauce verfeinern.

Den Elchbraten aufschneiden, mit Pfifferlingen und der Sauce servieren.

Tipp: Anstelle von Elch können Sie auch Fleisch vom Hirsch verwenden.

Rehkeule
Radyrlar

Für 8 Portionen:

1 Rehkeule, etwa 2,5 kg
200 g Speck im Ganzen und
1 gr. Speckscheibe extra
2 Zwiebeln
2 Mohrrüben
125 g Knollensellerie
1 Petersilienwurzel
1 Pastinake
1 Bd. glattblättrige Petersilie
4 EL Öl zum Braten
2 Lorbeerblätter
2 Stängel Thymian
5 schwarze Pfefferkörner
6 Wacholderbeeren
3 Pimentkörner
Salz
frisch gem. Pfeffer
½ Liter Milch
125 ml Sahne
100 g saure Sahne

Die Rehkeule waschen und trockentupfen. Den Speck in dünne Streifen schneiden. Die Rehkeule mit den Streifen spicken und mit der dicken Speckscheibe umwickeln. Die Gemüse waschen, putzen, schälen und kleinschneiden. Die Petersilie waschen, trockenschwenken, die Blättchen von den Stielen zupfen und hacken, etwas für die Garnitur zurückbehalten.

Den Backofen auf 185-195 °C Ober- und Unterhitze vorheizen.
In einem Bräter das Öl erhitzen und die Keule von allen Seiten anbraten. Die Gemüse, Kräuter und Gewürze zufügen und die Milch angießen. Im Backofen auf mittlerer Schiene etwa 2 ½ Stunden garen.

Die Keule herausnehmen und warmstellen. Die Garflüssigkeit durch ein Sieb gießen, etwas einkochen lassen und mit der Sahne und der sauren Sahne verfeinern. Mit Salz und Pfeffer abschmecken.

Die Rehkeule aufschneiden und auf einer vorgewärmten Platte anrichten. Die Sauce extra reichen.

Tipp: Sehr gern isst man dazu Pilze und Preiselbeeren. Ausgefallener ist eine Sahnesauce mit Ziegenkäse.

Info: Wild ist in Norwegen eine große Bereicherung des Speisezettels. Wildbret ergibt besonders wohlschmeckende Braten.
Das Rehwild, das ja nicht grast, sondern äst, es nascht sozusagen von den erlesensten Kräutern und Gräsern, ist besonders begehrt.

Rentiersteaks

Reinbiff

Die Steaks abspülen, trockentupfen, salzen, pfeffern und leicht mehlen.

Das Öl in einer tiefen Pfanne erhitzen, die Butter zufügen und die Steaks auf beiden Seiten braten. Herausnehmen und warm stellen. Den Bratensatz mit Rotwein ablöschen. Die Wildbrühe zufügen und etwas einkochen lassen. Mit Sahne und dem Moltebeergelee verfeinern und abschmecken.

Tipp: Dazu schmecken Pilze, besonders Morcheln, Moltebeeren, Kartoffeln oder Klöße. Da Rentierfleisch in unseren Breitengraden nur schwer zu bekommen ist, können Sie für dieses Rezept auch Reh verwenden.

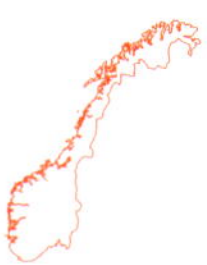

Info: Die begehrten Moltebeeren werden im August in lichten Wäldern gesammelt. Sie sind reich an Vitaminen und Spurenelementen. Sie schützen vor Skorbut und das schätzten schon die nordischen Seefahrer. Die bitter-säuerlichen Beeren werden gern zum Aromatisieren von Speisen genommen.

Die Rentierzüchtung in Norwegen liegt in erster Linie in den Händen der Samen im Norden Norwegens. Die Rentierherden sind der wohl wertvollste Schatz des Volkes. Noch heute werden die Herden zu immer neuen Weidegründen getrieben.

4 Rentiersteaks
Salz
frisch gemahlener Pfeffer
etwa 1 EL Mehl
3 EL Öl
20 g Butter
100 ml Rotwein
175 ml Wildbrühe
100 ml Sahne

wenn möglich:
1 EL Moltebeergelee

Rentiergeschnetzeltes

Finnbiff

Die Pfifferlinge putzen, halbieren oder vierteln. Den Speck würfeln. Das Rentierfleisch in dünne Schnitzel schneiden bzw. abhobeln. Die Zwiebel abziehen und kleinschneiden. Den Thymian waschen und hacken.

In eine tiefe Pfanne die Butter und den Speck hineingeben. Das Fleisch und die Pilze hinzufügen und bei hoher Temperatur anbraten, dann die Zwiebel zufügen. Mit 250 ml Wasser ablöschen und die Wacholderbeeren einrühren. Nach dem Aufkochen 15 Minuten bei mäßiger Temperatur garen.

Die Milch angießen, die saure Sahne und den Ziegenkäse zugeben. Nach dem Aufkochen mit Salz und Pfeffer gut abschmecken.

Tipp: Gern werden dazu Kartoffelpüree und Preiselbeeren gegessen.
Für dieses Gericht können Sie preiswertere Fleischstücke vom Rentier verwenden. Durch das Anfrieren ist es möglich, die Stücke dünner zu schneiden. Damit verkürzt sich die Kochzeit. Auch lassen sich dadurch zähere Fleischstücke verwenden.
In der Vorweihnachtszeit wird auch in Deutschland immer öfter Rentier angeboten. Das Rentierfleisch kann auch durch Hirsch ersetzt werden.

300 g Pfifferlinge
125 g durchwachsener Speck
500 g Rentierfleisch, möglichst angefroren
1 gr. Zwiebel
1-2 Stängel Thymian, vorzugsweise wilder, ersatzweise getrockneter
40 g Butter
4 Wacholderbeeren
125 ml Milch, 3,5 % Fettgeh.
200 g saure Sahne
60 g Ziegenkäse
Salz
frisch gem. schwarzer Pfeffer

Gebratenes Schneehuhn

Stekt rype

4 Schneehühner, küchenfertig
1 1/2 Liter Buttermilch
1-2 Zwiebeln
2 Mohrrüben
2 Pastinaken
1 Petersilienwurzel
4 EL Öl
5 Wacholderbeeren
1 Liter Wildbrühe
Salz
frisch gem. Pfeffer
25 g Mehl
50 g Preiselbeerkompott
200 g saure Sahne
½ TL getr. Thymian
½ TL getr. Majoran

Die Schneehühner 1-2 Stunden in Buttermilch einlegen, dann trockentupfen und halbieren. Inzwischen die Zwiebeln abziehen und hacken. Die Mohrrüben schaben und in Stücke schneiden. Die Pastinaken und die Petersilienwurzel schälen und kleinschneiden.

Das Öl in einem Bräter erhitzen und die Schneehühner rundherum anbraten. Das Gemüse und die zerdrückten Wacholderbeeren zufügen. Etwa 10 Minuten braten. Die Wildbrühe angießen, mit Salz und Pfeffer würzen und den Bräter abdecken. Bei mäßiger Temperatur etwa 50 Minuten garen.

Die Schneehühner herausnehmen und warm halten. Die Schmorflüssigkeit mit dem Gemüse durch ein Sieb streichen, in einen Topf geben und etwas einkochen lassen. Das Mehl mit 40 ml Wasser, dem Preiselbeerkompott und der sauren Sahne vermischen und in die Schmorflüssigkeit rühren. Mit Salz, Pfeffer, Thymian und Majoran abschmecken, einige Minuten köcheln lassen und auftragen.

Tipp: Dazu munden Kartoffelpüree und Waldpilze. In unseren Breiten ist es schwierig, Schneehühner zu bekommen. Sie können für dieses Rezept auch Rebhühner verwenden.

Gebräunter Eintopf
Brun lapskaus

Das Fleisch in Würfel schneiden. Die Zwiebel abziehen und hacken. Das Gemüse waschen, schaben oder schälen und würfeln. Den Lauch längs aufschneiden, waschen und in Ringe schneiden. Die Kartoffeln schälen und vierteln.

Das Öl in einem großen Topf erhitzen. Das Fleisch hineingeben und kräftig anbraten, dann salzen und pfeffern. Mit der Brühe ablöschen und abgedeckt 45 Minuten garen. Das Gemüse hinzufügen und weitere 20 Minuten bei niedriger Temperatur kochen.

Das Kartoffelmehl mit drei Esslöffel kaltem Wasser anrühren und in den Eintopf geben. Kurz aufkochen lassen, mit saurer Sahne verfeinern und abschmecken.

Info: Lapskaus in seinen verschiedenen Variationen gibt es auch in norddeutschen Hafenstädten. Es ist ein altes Seemannsgericht; eine gute, kräftige Mahlzeit , was den Fahrensmännern früherer Jahrhunderte gewiss sehr zuträglich war. In Norwegen bekam man es in den sogenannten Gatekjokken. Leider muss man heutzutage danach suchen. Das Eintopfgericht aus Seemannszeiten kann auch Rote Bete, Kartoffeln und Corned Beef enthalten oder Pökelfleisch, Kartoffelstampf, Zwiebeln und Speck, sogar Gewürzgurken und Hering, Rollmops und obendrauf ein Spiegelei.

500 g Rindfleisch ohne Knochen, z. B. Hüfte
1 Zwiebel
1 Mohrrübe
1 Stück Sellerieknolle, etwa 100 g
1 Stange Lauch
800 g Kartoffeln
3-4 EL Öl
Salz
frisch gem. Pfeffer
1,2 Liter Fleisch- oder Gemüsebrühe
25 g Kartoffelmehl
2-3 EL saure Sahne

Biff à la Lindstrøm
Steak à la Lindstrøm

400 g Schabefleisch vom Rind
4 rohe Eigelbe
4 EL dicke Sahne
80-90 g feingehackte, kalte gekochte Kartoffeln
80 g feingehackte eingelegte Rote Bete
1 kl. Zwiebel
1 EL Kapern
Salz
Schwarzer Pfeffer

Öl zum Braten

Das Schabefleisch in eine Schüssel geben. Die Eigelbe, die dicke Sahne, die Kartoffeln und die Rote Bete zufügen und vermischen. Die Zwiebel abziehen und fein hacken oder reiben. Größere Kapern feinhacken, zu den übrigen Zutaten in die Schüssel geben und gut vermengen. Aus dieser Masse 8 Frikadellen formen.

Öl in einer weiten Pfanne erhitzen und die Frikadellen beidseitig je etwa 12-15 Minuten braten.

Tipp: Ein Quarkdipp und ein frischer Salat runden den Genuss ab!

Info: Das ist das Originalrezept des berühmten Schiffskochs Adolf Henrik Lindstrøm. Weltweit wurde und wird es noch heute nachgeahmt, teilweise auch verändert. Beispielsweise werden Senf, feingehackter Schnittlauch oder Petersilie und als Bindemittel ein wenig Kartoffelstärke hinzugefügt. Das tolle Grundrezept regt einfach die Fantasie an!
Biff à la Lindstrøm fehlt in Norwegen auf kaum einer Party.

Gefüllte Kartoffelklöße mit Schinkenspeck

Fylte potetboller med bacon

Für etwa 12 Klöße:
1 kg gekochte Kartoffeln
25 g Weizenmehl
60 g Kartoffelmehl
1 Ei
1 Eigelb
Salz
abgeriebene Muskatnuss

Für die Füllung:
120 g durchwachsener, geräucherter
Schinkenspeck
1 Zwiebel
125 g Pilze
2 Stängel glattblättrige Petersilie
2 EL Öl
Salz
frisch gem. Pfeffer

Butter zum Übergießen
Preiselbeeren bzw. Kompott

Gekochte und gepellte Kartoffeln durchpressen. In einer Schüssel mit dem Weizenmehl, dem Kartoffelmehl, dem Ei und dem Eigelb verkneten. Mit Salz, Pfeffer und Muskatnuss würzen. Abgedeckt kurz ruhen lassen.

Inzwischen die Füllung herstellen. Den durchwachsenen Schinkenspeck in kleine Würfel schneiden. Die Zwiebel abziehen und hacken. Die Pilze putzen und kleinschneiden. Die Petersilie waschen, trockenschleudern und die Blättchen hacken.

Den Schinkenspeck in Öl anbraten. Die Zwiebel und die Pilze zufügen, einige Minuten weiterbraten, bis die Pilze gar sind. Mit Salz und Pfeffer würzen.

Aus der Kartoffelmasse eine Rolle formen und in 10-12 gleichmäßige Teile schneiden. Jeweils etwas von der Füllung in den Kartoffelteig geben und zu runden Klößen formen.

Wasser in einem großen Topf zum Kochen bringen, salzen und die Klöße vorsichtig mit einem Schaumlöffel hineingleiten lassen. Etwa 12 Minuten sieden lassen. Herausnehmen und mit geschmolzener Butter und Preiselbeeren servieren.

Tipp: Anstelle der geschmolzenen Butter können Sie auch eine Käsesauce servieren – vorzugsweise mit dem karamelisierten Ziegenkäse „Brunost". Kartoffelklöße nach Trondheimer Art werden aus rohen und gekochten Kartoffeln hergestellt. Nach einem alten Rezept werden zur Bindung Gersten- und Weizenmehl verwendet.

Vegetarische Gerichte

Rote Bandnudeln mit Käsesauce

Røde båndnudler med ostesaus

½ Liter Rote-Bete-Saft
Salz
400 g Bandnudeln
35 g Butter
30 g Mehl
400 ml Milch
100 ml Gemüsebrühe
125 g Snøfrisk, ersatzweise ein anderer Frischkäse
½ TL Kümmelkörner
1 Päckchen Kresse

Zwei Liter Wasser mit dem Rote-Bete-Saft aufkochen, das Salz zufügen und die Bandnudeln nach Packungsvorschrift bissfest kochen. Die restliche Flüssigkeit abgießen.

nzwischen die Butter in einen Topf geben und schmelzen. Das Mehl hineinschütten und leicht durchschwitzen lassen. Nach und nach die Milch und die Brühe angießen. 8-10 Minuten köcheln lassen, den Käse und den Kümmel unterrühren.

Die Bandnudeln auf vorgewärmte Teller geben, die Käsesauce darübergleiten lassen und mit Kresse garnieren.

Info: Der norwegische Käse Snøfrisk ist erstmals im Jahr 1994 anlässlich der Olympischen Winterspiele in Lillehammer von Norske Meierier Tine produziert worden. Er besteht zu 80 Prozent aus Ziegenmilch und zu 20 Prozent aus Kuhsahne, der Geschmack ist frisch und mild. Snøfrisk gibt es auch mit anderen Geschmacksnuancen wie Meerrettich, Dill oder Pilzen.
Snøfrisk gehört zu den wenigen norwegischen Lebensmitteln, die in deutschen Supermärkten zu finden sind.

Kartoffel-Grünkohl-Auflauf

Potet-kål-kasserolle

500 g Kartoffeln
800 g frischer Grünkohl,
nach dem Putzen etwa 400 g
ersatzweise Tiefkühlware
etwa 125 ml Milch,
3,8 % Fettgehalt
50 g Butter
100 g Frischkäse
2 gr. Eier
Salz
frisch gem. Pfeffer
abgeriebene Muskatnuss
75 g Braunkäse Gudbrandsdalen

Butter für die Form

Die Kartoffeln waschen und ungeschält kochen. Inzwischen den Grünkohl putzen, die dicken Strunke etwas entfernen, die Blätter blanchieren und hacken.

Die Kartoffeln pellen, durchpressen und mit der heißen Milch, der Butter und dem Frischkäse verrühren. Die Kartoffelmasse und den Kohl vermischen. Die Eier trennen. Das Eiweiß mit etwas Salz steif schlagen. Das Eigelb zur Kartoffel-Kohlmasse geben, mit Salz, Pfeffer und Muskatnuss würzen, gut vermischen und das Eiweiß unterheben.

Den Backofen auf 180 °C Ober- und Unterhitze vorheizen. Eine Auflaufform mit Butter ausfetten. Den Käse reiben.

Die Kartoffel-Kohlmischung in die Auflaufform geben und im Backofen auf der mittleren Schiene etwa 25 Minuten backen. Nach 10 Minuten den Käse darüberstreuen und zurück in den Backofen stellen.

Tipp: Wer nicht auf Fleisch verzichten möchte, kann klein gewürfelten Schinken untermischen oder Schinkenscheiben dazulegen. Ganz exquisit sind Scheiben von Wildschinken.

Hafergrütze
Rømmegrøt

Den Haferschrot in einem Liter Wasser mit Salz fünf Minuten kochen und dann ausquellen lassen. Die saure Sahne unterziehen.

Sie können auch Rosinen und gehackte Nüsse unterheben und erhalten so ein herzhaftes und ballaststoffreiches Essen.

Tipp: Eine Abwechslung bieten Zucker und Zimt, die auf die fertige Rømmegrøt gestreut wird. Dazu reicht man gerne Kompott.

Info: Rømmegrøt, wörtlich übersetzt norwegische Sahnegrütze, ist sozusagen der Vorläufer des Brotes. Viele Gerichte der norwegischen Küche entstanden vor langer Zeit und wurden von Generation zu Generation überliefert. Auch heute ist es noch üblich, das Festmahl auf ländlichen Hochzeiten mit einem kleinen Schälchen Rømmegrøt als Begrüßungsspeise zu beginnen. Auch zu verschiedenen Festtagen wird Rømmegrøt gemäß der Tradition serviert. In einem der Schälchen wird eine Mandel versteckt. Wer diese findet, hat Glück im Leben. Wenn mehrere Kinder am Tisch sitzen, sorgen die Erwachsenen natürlich dafür, dass ausreichend Mandeln in dem Brei versenkt wurden.

150 g Haferschrot
Salz
125 g saure Sahne, Schmand oder Crème fraîche

nach Belieben
50 g Rosinen
50 g gehackte Nüsse
Zucker und Zimt

Pfannkuchen mit Algen

Pannekaker med tang

Die Algen waschen und etwas klein schneiden. Den Lauch gründlich waschen, putzen und in Ringe schneiden.

Das Öl in einer Pfanne erhitzen. Die Butter zufügen. Den Lauch und die Algen darin andünsten, mit etwas Pfeffer würzen und einige Minuten leicht braten lassen. Vom Herd nehmen, den Inhalt in eine Schüssel geben und die Pfanne auswischen.

Das Mehl in eine Schüssel sieben. Die kalte Milch und die Sahne unter Rühren zufügen, ebenso die Eier nach und nach unterrühren. Mit Salz würzen.

Etwas Öl in die Pfanne geben und erhitzen. Etwas von der Algenmischung hineingeben und etwas Pfannkuchenteig darübergießen. Abgedeckt bei niedriger Temperatur garen, dabei den Pfannkuchen einmal wenden. Herausnehmen und warm halten, bis alle acht Pfannkuchen gebacken sind.

Dazu passt ein Schälchen mit frischen Beeren.

Tipp: Für dieses Gericht eignet sich Zuckertang (Saccharina latissima), zur Gattung Brauntang gehörend, beispielsweise aus dem Lysefjord. Die Algen haben wertvolle Mineralien, algenspezifische Ballaststoffe wie Alginat und ganz wichtige bioaktive Inhaltsstoffe.

Für 8 Stück:

160 g frische Algen,
ersatzweise 30 g getrocknete
1 Stange Lauch
3 EL Öl
60 g Butter
frisch gem. Pfeffer
200 g Weizenmehl, Type 550
600 ml Milch
100 ml Sahne
6 Eier
Salz, vorzugsweise Algensalz

Öl zum Braten der Pfannkuchen

Ofenkartoffeln und Rote-Bete-Dip
Bakt potet og rødbetdyp

4 große, möglichst gleichmäßige Kartoffeln
3-4 EL Öl
Meersalz
200 g Rote Bete, gekocht
einige Stängel Kräuter wie Zitronenmelisse, Minze, Majoran, Thymian
150 g Frischkäse
100 ml Sahne oder 100 g Joghurt
frisch gem. schwarzer Pfeffer

Backpapier

Den Backofen auf 195 °C Ober- und Unterhitze vorheizen. Die Kartoffeln gründlich waschen, bürsten und halbieren. Ein Blech mit Backpapier auslegen und die Kartoffeln darauf legen. Mit dem Öl begießen und salzen. Je nach Größe der Kartoffeln 60-70 Minuten backen lassen.

Inzwischen die Rote Bete in Stücke schneiden. Die Kräuter waschen, trockenschleudern und die Blättchen von den Stielen zupfen, einige Blättchen für die Garnitur zurückbehalten. Rote Bete, Kräuter und Frischkäse pürieren. Die Sahne oder den Joghurt zufügen, verrühren und mit Salz und Pfeffer gut abschmecken.

Die warmen Kartoffeln mit dem kalten Dip übergießen und mit den Kräutern garnieren.

Tipp: Anstelle der genannten Kräuter etwas abgeriebene Muskatnuss, Petersilie und Tripmadam verwenden. Tripmadam auch unter dem Namen Steinkraut oder Felsenfetthenne bekannt, findet man zwischen Felsen an sonnigen Stellen.

Süßspeisen

Rhabarbersuppe mit Zimteis
Rabarbrasuppe med kanelis

500 g Rhabarber
200 g Zucker
½ Vanilleschote
20 g Kartoffelmehl

Für das Zimteis:
250 ml Milch
3 Eigelb
90 g Zucker
1 TL Vanillezucker
½-1TL gem. Zimt
125 ml Sahne

Für die Streusel:
50 g Butter
50 g Rohrzucker
50 g Haferflocken

Zunächst das Zimteis herstellen. Dazu die Milch aufkochen. Die Eigelbe, den Zucker und den Vanillezucker sowie den Zimt cremig aufschlagen. Die heiße Milch dazugießen und langsam bei niedriger Temperatur unter ständigem Rühren dickcremig aufschlagen, aber nicht kochen lassen! Im kalten Wasserbad abkühlen lassen. Die Sahne leicht schlagen, unterheben und in der Eismaschine gefrieren lassen.

Den Rhabarber waschen, putzen und in kleine Stücke schneiden. 1 ½ Liter Wasser zum Kochen bringen und den Rhabarber hineingeben. Den Zucker und die Vanilleschote zufügen und nur so lange kochen, bis der Rhabarber weich ist. Auf keinen Fall sollte er zerfallen. Die Vanilleschote entfernen. Das Kartoffelmehl mit etwas kaltem Wasser anrühren, zufügen, kurz aufkochen und dann abkühlen lassen.

Den Backofen auf 190 °C Ober- und Unterhitze vorheizen. Für die Streusel die Butter in einem kleinen Topf erhitzen und den Rohrzucker und die Haferflocken zufügen. Alles zusammen in eine kleine Form geben und etwa 10 Minuten im Backofen lassen.

Zum Servieren die Rhabarbersuppe in einen tiefen Teller geben. Das Zimteis in die Mitte setzen und mit den Streuseln bestreuen.

Tipp: Die trockene Vanilleschote mit Zucker in ein Schraubglas geben. Der Zucker nimmt den Vanillegeschmack an. So haben Sie immer duftenden Vanillezucker zur Hand.

Verschleiertes Bauernmädchen
Tilsļørte bondepiker

60 g Butter
50 g Zucker, vorzugsweise brauner Rohrzucker
1 Msp. Salz
250 g geriebenes Roggenbrot oder Zwiebackbrösel
1 TL gemahlener Zimt
50 g geriebene Schokolade
400 g Apfelkompott
250 g Sahne
2 TL Vanillezucker
40 g Schokoladenspäne

Die Butter mit dem Zucker und dem Salz in einen Topf geben und bei niedriger Temperatur zerlassen. Sobald sich der Zucker aufgelöst hat, das Roggenbrot zufügen und mit Zimt würzen. Unter Rühren leicht braten, bis alles duftet. Vom Herd nehmen, abkühlen lassen und die geriebene Schokolade zufügen.

In einer Schüssel schichtweise die Brotmischung und das Apfelkompott einfüllen. Die letzte Schicht sollten Brotkrumen sein. Gut kühlen!

Vor dem Servieren mit geschlagener, mit Vanillezucker gesüßter Sahne bedecken. Mit Schokoladenspänen bestreuen.

Anstelle von Apfelkompott gibt es in einigen Gegenden auch eine Vorliebe für Pflaumen, Zwetschen oder sogar Birnen.

Tipp: Das Apfelkompott sollte unbedingt mit den drei „Z" - Zucker, Zitronenschale und Zimtstange - zubereitet werden.

Das verschleierte Bauernmädchen ist nicht nur in Schleswig-Holstein, sondern vor allem auch in Dänemark sehr beliebt. Aber eigentlich sehen die Norweger dieses Dessert als ihr Gericht an.

Moltebeerencreme

Multekrem

Die Sahne mit einer Messerspitze Zucker steif schlagen. Die Moltebeeren zuckern und mit einem Schneebesen unter die Sahne ziehen. Die Moltebeeren müssen sich nicht vollständig verteilen.

In hübsche Glasschalen füllen und am besten sofort servieren.

250 ml Sahne
Zucker nach Geschmack
200 g Moltebeeren

Tipp: In Ermangelung von frischen Moltebeeren können Sie ersatzweise Moltebeerenkonfitüre verwenden.

Info: Moltebeeren findet man vor allem in den nördlichen Ländern Norwegen, Finnland, Schweden und Russland sowie in Schottland und England. Vereinzelt gibt es sie auch in Grönland. In Nordamerika wachsen sie von Kanada bis in die USA sowie in Sibirien und Nordjapan.
Die orangeroten Früchte sind äußerst gesund, da sie reich an Vitaminen und Spurenelementen sind. Der etwas herbe, bittere Geschmack passt sowohl zu süßen Gerichten, ist aber auch besonders zu Käse zu empfehlen. Schon die nordischen Seeleute und die amerikanischen Eskimos wussten Moltebeeren zu schätzen, da sie vor Skorbut schützen. In Finnland bereitet man aus den Beeren gern den beliebten „Lakka“, einen Likör. Lakka heißen übrigens die Moltebeeren auf Finnisch. In Schweden bereitet man daraus einen aromatischen Essig.

Rosen-Parfait
Rose-parfait

4 rote oder rosa Rosen
aus biologischem Anbau
100 ml Roséwein
½ Vanilleschote
150 ml weiße Schokolade
150 ml Sahne
150 ml Joghurt, natur
2 TL Agar Agar
nach Belieben einige Tropfen
Rosenwasser

Zum Servieren:
Sahne und Früchte wie
Himbeeren, Erdbeeren,
Blaubeeren

Die Rosenblätter der Rosen etwas über dem Stil abziehen oder schneiden, vorsichtig abspülen und in eine Schüssel geben. Einige Blättchen für die Garnitur zurückbehalten. Mit 150 ml Wasser und dem Roséwein übergießen und abgedeckt im Kühlen einen Tag stehen lassen, dann abseihen.

Das Mark der Vanilleschote ausschaben. Die weiße Schokolade mit der Sahne unter Rühren aufkochen und beiseitestellen. Den Joghurt in die etwas erkaltete Schokoladen-Sahnemischung rühren. 50 ml von dem aromatisierten Wasser-Weingemisch abnehmen, mit Agar Agar verrühren und kurz aufkochen. Nach einigen Minuten ebenfalls in die Schokoladen-Sahnemischung rühren. Eventuell mit etwas Rosenwasser abschmecken.

In 4 kalt ausgespülte Becherförmchen oder kleine Tassen füllen und für 5-6 Stunden in das Tiefkühlfach stellen. Zum Servieren kurz in heißes Wasser tauchen und kopfüber auf einen Teller geben. Mit Rosenblättern, geschlagener Sahne und nach Belieben auch mit Früchten garniert auftragen.

Info: Agar Agar, das pflanzliche Geliermittel, wird aus Algen gewonnen und ist eine gute Alternative zur Gelatine.

Weihnachtspfannkuchen
Juls-pannekaker

Für etwa 8 kleine Pfannkuchen:

120 g Butter
50 g Marzipan-Rohmasse
150 g Weizenmehl, Type 1050
1 TL Backpulver
1 Msp. Vanillemark
1 TL abgeriebene unbehandelte Orangenschale
1 TL abgeriebene unbehandelte Zitronenschale
1 Msp. Kardamom
1 Msp. Anis
1 Msp. Salz
125 ml Milch
125 ml Sahne
3-4 Eier
50 g brauner Zucker

Öl zum Backen der Pfannkuchen
Früchte nach Wunsch

Die Butter in einen Topf geben und zerlassen. Das Marzipan zerbröckeln und mit der zerlassenen Butter in einer Schüssel verrühren.

In einer zweiten Schüssel das Mehl mit Backpulver, Vanillemark, Orangen- und Zitronenschale, Kardamom, Anis und Salz vermischen. Die Milch, die Sahne und 125 ml Wasser zufügen und verrühren. Die Eier mit dem braunen Zucker in einer Schüssel leicht schaumig rühren. Die anderen Zutaten alle hinzufügen.

In einer Pfanne etwas Öl erhitzen. Acht Pfannkuchen nacheinander backen und möglichst warm halten.

Tipp: Dazu schmecken am besten säuerliche Beeren wie Johannesbeeren, Moltebeeren oder Sauerkirschen, die vorsorglich eingefroren wurden, oder als Marmelade dazu serviert werden.

Kuchen, Gebäck und Getränke

Weihnachtsbrot

Julekake

175 g Weizenmehl, Type 550
30 g frische Hefe
40 g Zucker
15 g Vanillezucker
100 ml Milch
80 g Butter
50 g Rosinen
125 g kandierte Früchte
1 TL abgeriebene unbehandelte Zitronenschale
1 Msp. Salz
½ TL gem. Kardamom

Zum Bestreichen:
1 Eigelb
1 EL Milch

Das Mehl in eine Schüssel sieben. In die Mitte eine Vertiefung drücken. Die Hefe hineinbröckeln, mit einem Teelöffel Zucker bestreuen und mit der warmen Milch verrühren. Den Teig abgedeckt an einem warmen Ort 15-20 Minuten gehen lassen.

Die Butter bei milder Hitze zerlassen und mit dem restlichen Zucker, den Rosinen, den kandierten Früchten, der abgeriebener Zitronenschale, dem Salz und dem Kardamom zu dem Teig geben. Gut durchkneten, mit einem Küchentuch abdecken und 50 Minuten gehen lassen.

Den Backofen auf 180 °C Ober- und Unterhitze vorheizen. Ein Backblech mit Backpapier auslegen und den geformten Teig darauflegen. 10 Minuten ruhen lassen.

Das Eigelb mit Milch verrühren und den Julekake damit bestreichen. Im Backofen auf der mittleren Einschubleiste etwa 30 Minuten backen, bis er goldgelb ist.

Tipp: Der Julekake schmeckt natürlich frisch am besten, kann aber trotzdem einige Tage im Voraus fertiggestellt werden. Ist er einmal angeschnitten, sollte er in Alufolie gewickelt aufbewahrt werden.
Besonders gut schmeckt der Weihnachtskuchen, wenn die Rosinen in zwei Esslöffel Aquavit oder Rum eingelegt werden.

Info: Jede Familie in Norwegen hat natürlich ihr eigenes Rezept, das von Generation zu Generation weitergegeben wird.

Norwegischer Schokoladenkuchen

Norsk sjokoladekake

Die Backform mit Butter ausstreichen, mit Mehl bestäuben, das überschüssige Mehl wieder ausklopfen. Die Backform in den Kühlschrank stellen.
Den Backofen auf 180 °C Ober- und Unterhitze vorheizen.

Die Butter mit der etwas zerbröckelten Schokolade über Wasserdampf schmelzen lassen. Vom Herd nehmen und etwas abkühlen lassen.

Den Zucker mit Vanillezucker, Salz und Eiern in einer Schüssel gut verrühren. Das Mehl darüberstäuben und unterheben. Vorsichtig die zerlassene Butter-Schokoladenmischung nach und nach unterrühren. Die Masse in die vorbereitete Form füllen und im Backofen auf der mittlere Einschubleiste 23 -25 Minuten backen. Es könnte sein, dass die Backzeit in einem anderen Backofen etwas abweicht. Er sollte auf jeden Fall nicht ganz durchgebacken sein.

Nun herausnehmen, abkühlen lassen und aus der Form lösen.

Zum Servieren leicht mit dem Puderzucker bestreuen. Nach Belieben mit halbsteif geschlagener Sahne und Blaubeerkompott reichen.

Tipp: Dieser Kuchen eignet sich zum Nachmittagskaffee, ist aber auch ein leckeres Dessert nach einem festlichen Essen.

125 g Butter
100 g dunkle Schokolade, etwa 70 % Kakaoanteil
100 g Zucker
1 EL Vanillezucker
1 Msp. Salz
3 Eier
90 g Weizenmehl, Type 1050

Butter und Mehl für eine Springform von 18 cm Durchmesser
Puderzucker

nach Belieben:
125 ml Sahne
Blaubeerkompott

Rosenkuchen aus Molde
Rosekake fra Molde

Für eine Springform von etwa
24 cm Durchmesser

3 Eier
160 g Butter
175 g Marzipan-Rohmasse
140 g Puderzucker
1 Msp. Salz
2 Msp. Vanillemark
2 TL Rosenwasser
je 1/2 TL abgeriebene Schale
einer Bio-Zitrone und Bio-Orange
80 g Weizenmehl, Type 550
oder Dinkelmehl, Type 630
30 g Kartoffelmehl
1 ½ TL Backpulver
200 g weiße Schokoladen-
Kuvertüre
Marzipanröschen in
rosa und/oder rot

Butter und Mehl für die Form

Die Eier frühzeitig aus dem Kühlschrank nehmen. Die Backform einfetten, mit Mehl ausstäuben und in den Kühlschrank stellen.
Den Backofen auf 180 °C Ober- und Unterhitze vorheizen.

Die Butter in einem Topf bei niedriger Temperatur zerlassen und mit der Marzipanrohmasse verrühren.

In einer weiteren Schüssel den Puderzucker mit den Eiern schaumig rühren. Das Salz, das Vanillemark, das Rosenwasser, die Zitronen- und Orangenschale hinzufügen. Das Mehl mit dem Kartoffelmehl und dem Backpulver vermischen und abwechselnd mit der Butter-Marzipanmasse unterrühren. In die Form füllen und auf der mittleren Einschubleiste 38-40 Minuten backen.

Mit einem Stäbchen die Garprobe vornehmen, wenn kein Teig haften bleibt, ist der Kuchen fertig; 5-10 Minuten auskühlen lassen, dann erst aus der Backform lösen.

Inzwischen die Kuvertüre im Wasserbad schmelzen. Den Kuchen damit überziehen und mit den Rosen dekorieren.

Info: Molde nennt sich „Rosenes by" – Stadt der Rosen. Sie liegt am Nordufer des Moldefjords. Durch die geschützte Lage und den Ausläufer des Golfstroms gedeihen Rosen in dem milden Klima der Stadt besonders gut. Gehegt und gepflegt kann man sie in vielen Gärten und Anlagen der Stadt bewundern.

Der Beste der Welt
Kvæfjordkake – Verdens beste

Für 1 Blech von 25 x 25 cm:

Für den Teig:
100 g Butter
3 Eier
75 g Zucker
100 g Weizenmehl, Type 550
1 TL Backpulver
50 ml Milch

Für das Baiser:
90 g Zucker
1 Msp. Salz
50 g Mandelblättchen

Für die Vanillecreme:
150 ml Milch
150 ml Sahne
½ Vanilleschote
1 Msp. gem. Zimt
je 1 Msp. abgeriebene Zitronen- und Orangenschale
20 g Speisestärke

Backpapier

Die Butter und die Eier frühzeitig aus dem Kühlschrank nehmen, damit sie Raumtemperatur annehmen. Die Eier trennen. Die Butter und den Zucker schaumig rühren. Die Eigelbe zufügen. Das Mehl mit dem Backpulver mischen und unterrühren. Die Milch zufügen und kurz weiterrühren. Für das Baiser die Eiweiße mit dem Zucker und dem Salz steif schlagen.

Den Backofen auf 180 °C Ober- und Unterhitze vorheizen. Ein Backblech mit Backpapier auslegen, den Teig darauf streichen. Das Baiser darüber geben. Mit den Mandelblättchen bestreuen und im Backofen mittlere Schiene 20 Minuten backen. Herausnehmen und abkühlen lassen.

nzwischen die Vanillecrème herstellen. Die Milch und 50 ml Sahne in einen Topf geben. Die Vanilleschote aufschneiden, das Mark herauskratzen und mit dem Zimt n die Milch geben. Die Zitronen- und die Orangenschale zufügen. Die Speisestärke mit zwei Esslöffel kaltem Wasser anrühren und in die köchelnde Milch geben. Kurz aufkochen lassen und vom Herd nehmen. Die restliche Sahne steif schlagen und unter die etwas abgekühlte Vanillecreme ziehen.

Die Kuchenplatte durchschneiden, sodass man zwei gleich große Platten erhält. Die Vanillecrème auf eine Platte streichen und die zweite daraufsetzen.

Tipp: Auf die untere Platte bzw. auf die Vanillecreme nach Belieben Früchte wie Blaubeeren, Erdbeeren, Stachelbeeren oder Rhabarberkompott geben.

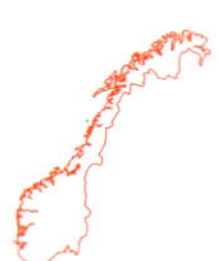

Info: Der Kvæfjordkake wurde nach dem Ort Kvæfjord in Trøms benannt. Bei einem Wettbewerb wurde er zu Norwegens Nationalkuchen gekürt.

Waffeln
Vafler

Die Eier trennen. Die Butter, den Zucker und den Vanillezucker sowie das Eigelb schaumig rühren. Das gesiebte Mehl und die saure Sahne zufügen. Das Eiweiß mit dem Salz steif schlagen und unter die Teigmasse heben.

Das Waffeleisen erhitzen, einfetten und etwas Teig in die Mitte des Eisens geben. Den Deckel schließen und einige Minuten backen. Mit Puderzucker bestreuen.

Mit Marmelade, Kompott oder frischen Früchten und/oder Sahne servieren.

Tipp: Anstelle der sauren Sahne können Sie auch Buttermilch, Joghurt oder Wasser verwenden. Bei der Verwendung von Wasser werden die Waffeln knuspriger.
Oder lassen Sie Kuvertüre im heißen Wasserbad schmelzen, dann etwas abkühlen und die Waffeln nur zu einem Teil hineintauchen. Mit Erdbeeren dekorieren!

Info: Waffeln werden in nahezu jedem Cafè und in den meisten Shops an vielen touristischen Zentren in Norwegen angeboten. Schon zum Frühstück laden Waffeleisen in Hotels zur Zubereitung frischer Waffeln ein.

Für etwa 8 Waffeln:

2 Eier
80 g Butter
1 EL Zucker
1 TL Vanillezucker
160 g Mehl
250 g saure Sahne
1 Msp. Salz

Butter für das Waffeleisen
Puderzucker nach Belieben

Eisbären aus Hammerfest

Isbjørn fra Hammerfest

Für 6 Stück:

300 g Butter
90 g Zucker
Salz
3 TL Vanillezucker
320 g Dinkelmehl, Type 620

Die Butter und den Zucker schaumig rühren. Eine Messerspitze Salz und den Vanillezucker zufügen. Das Mehl unterkneten. Den Teig kalt stellen.

Den Backofen auf 200 °C Ober – und Unterhitze vorheizen. Ein Backblech mit Backpapier auslegen.

Inzwischen den Teig in 6 Stücke teilen und mithilfe des Förmchens das Gebäck ausstechen. Im Backofen mittlere Schiene etwa 10-12 Minuten backen, bis das Gebäck eine goldgelbe Farbe angenommen hat.

Tipp: Nach Belieben leicht mit Puderzucker bestreuen oder etwas Puderzucker mit Zitronensaft verrühren und das Gebäck damit bestreichen.

Blaubeerwein

Blåbærvin

Die Blaubeeren verlesen, waschen und abtropfen lassen. Zusammen mit einem Liter Wasser, der Zimtstange und den Nelken in einem Topf erhitzen und 10-15 Minuten kochen lassen. Den Saft durch ein Leinentuch in einen anderen Topf drücken und abgedeckt stehen lassen, bis sich das restliche Fruchtfleisch gesetzt hat.

Den Saft mit Zucker und Vanillezucker einige Minuten bei niedriger Temperatur kochen lassen.

Nach dem Abkühlen in trockene Flaschen füllen und nur locker verkorken.

Tipp: Für diesen Blaubeerwein sollte man den Ceylonzimt verwenden, da er milder ist als der Kassiazimt. Anstelle der Zimtstange können Sie natürlich auch gemahlenen Zimt verwenden.

Geben Sie bei besonderen Anlässen etwas Linie Aquavit zum Blaubeerwein. Der feine Geschmack des Linie Aquavits wird erreicht durch das Lagern in ehemaligen Sherryfässern, die aus Eichenholz bestehen. Er reift 19 Wochen lang auf Schiffen, die den Äquator, die Linie, kreuzen.

2 1/2 kg möglichst wilde Blaubeeren
1 Zimtstange
3-4 Gewürznelken
300 g Zucker
15 g Vanillezucker

Weihnachtspunsch Julestans

je 20 g getrocknete Apfel- und Birnenringe
30 g kandierter Ingwer
250 ml Apfelsaft
750 ml schwarzer Tee
1 TL Glühweingewürz
Honig oder Zucker nach Geschmack

Die Apfel- und Birnenringe sowie den kandierten Ingwer in feine Würfel schneiden und in eine Karaffe geben. Mit dem Apfelsaft übergießen.

Den Tee nach Packungsanweisung zubereiten und einige Minuten ziehen lassen. Das Glühweingewürz zufügen und mit dem Honig oder dem Zucker süßen. Leicht erhitzen und zehn Minuten ziehen lassen.

Vom Herd nehmen und durch ein Sieb seihen. Den Apfelsaft mit Apfel-, Birnen- und Ingwerstückchen zufügen und in Punschgläsern servieren.

Tipp: Dörrobst können Sie kaufen, aber auch selbst herstellen und veredeln. Es ist eine der ältesten Methoden des Konservierens.
Das gewaschene Obst können Sie in 3-4 mm dünne Ringe schneiden und trocknen. Ein Dörrautomat benötigt 12-24 Stunden zum Trocknen der Scheiben.

Im 60 °C eingeschalteten Backofen mit Umluft, etwas geöffneter Backofentür erzielen Sie ebenfalls gute Ergebnisse. Wenn Sie das Dörrgut zwischen zwei Fingern drücken, darf kein Saft mehr entweichen. Zum Aufbewahren sollte das Dörrgut luftdicht verpackt werden.

Die Autorinnen

Dr. Jutta Falkner beschäftigt sich als Wirtschaftsjournalistin seit vielen Jahren mit dem Thema Außenwirtschaft. 2016 gründete sie das Business-Portal-Norwegen, das über die wirtschaftliche Entwicklung in Norwegen informiert. Sie hat mehrere Bücher veröffentlicht, unter anderem "Norwegen superlativ. Rankings, Rekorde, Innovationen" und "Go East. Erfolge, Erfahrungen Irrtümer. Wie unsere Wirtschaft den Osten Europas eroberte".
Jutta Falkner recherchierte und schrieb die Texte im vorderen Teil des Buches.

Renate Kissel ist Spezialistin für Ernährungsfragen, Köchin und Hotelfachfrau. Sie ist bekannt für ihre Koch- und Reisebücher.
Seit 25 Jahren ist sie Mitglied der Gastronomischen Akademie Deutschlands (GAD) und erhielt für ihre Arbeit zahlreiche nationale und internationale Auszeichnungen.
Für dieses Buch hat sich Renate Kissel erneut mit den kulinarischen Besonderheiten der Norwegischen Küche beschäftigt. Sie hat die Rezepte verfasst und das TLC-Team hat die Food-Fotos gekonnt in Szene gesetzt.

Literaturverzeichnis und weiterführende Informationen:

https://www.ssb.no/
https://www.regjeringen.no/
https://en.seafood.no/
https://www.bocusedor.com/
https://www.olympiade-der-koeche.com
https://guide.michelin.com/en/no/restaurants/
https://www.lofotr.no/nb/
https://www.vinmonopolet.no/
https://www.tyskvin.no/
https://www.norskmat.com/
https://www.nibio.no/
https://bocusedornorge.no/
https://ofg.no/
https://www.nsd.no/
https://www.oslomet.no/en/research/research-projects/foodlessons
https://www.tlc-fotostudio.de

Wenn nicht anders angegeben, sind die Rezepte für vier Portionen berechnet.

Die Rezepte und Vorschläge wurden von den Autoren und dem Verlag sorgfältig geprüft, jedoch kann eine Garantie nicht übernommen werden. Eine Haftung des Verlags, seiner Beauftragten oder der Autoren für etwaige Personen-, Sach- oder Vermögensschäden ist ausgeschlossen.